空服服務溝通 修訂版
與播音技巧

禮儀訓練╳正音教學╳危機處理
一本書帶你成爲最佳民航代言人

你以爲空服員只是空中的服務人員？
其實他們是服務人員＋播音人員＋導遊＋安保人員＋廚師＋民航形象代言人！

應付無故找碴的奧乘客，你該幽默且不失禮貌的反擊；
面對百百種緊急突發狀況，本書帶你迅速又冷靜地回應！

劉暉 編著

前言

　　隨著社會經濟的飛速發展和全球經濟的一體化，航空業競爭愈來愈激烈，航空硬體已不是必勝的法寶，單純的微笑也不再是百病通治的靈丹妙藥。乘坐飛機不再是身分和地位的象徵，形形色色的人都有可能乘坐飛機，這就向空服人員提出了新的挑戰。

　　比如你的笑臉問候並沒有迎來一句「謝謝」的回答，乘客一上飛機就對著空服人員發脾氣，對空服人員的服務處處挑剔……也許有太多太多的不理解，那就讓我們試著去架設一座溝通的橋梁吧，去站在乘客的角度看待我們無法理解的問題。旅客乘機購買的產品不僅僅是實物產品 —— 飛機上某一座位在某一時間的使用權，更包括無形的產品 —— 服務，旅客乘機需要的是安全、舒適、便捷、開心。一杯熱水、一句溫馨的祝願、一個真誠的眼神、一個得體的鞠躬、一個善意的解釋都可以成為溝通的基石。

　　實際上，客艙服務作為民航服務的直接窗口，服務素養的提升一直是人們關注的焦點。各大專院校空服相關科系也紛紛開設了空服禮儀與訓練、空服技能與訓練等專業課程，但一直苦於沒有客艙溝通訓練方面的合適教材。筆者多年來一直從事公共關係（空服專業）的教學和研究，在空服教學方面累積了豐富的教學經驗，對空服這一特殊行業的服務禮儀、服務心理、服務技巧非常熟悉和了解。本書的創新之處在於這是一本實訓教材，對空服人員客艙交流和播音訓練這一空白領域進行了初步的探索和有益的嘗試。

　　本書共分五單元，按照客艙溝通概述、語音訓練、客艙播音訓練、溝通和播音綜合訓練、溝通專項訓練等內容由淺入深進行論述，每單元後面都配有相應的訓練內容，充分注重實訓性。

目錄

前言

第四單元　客艙溝通專項技能訓練

第五單元　空中服務溝通與播音綜合技能訓練

第一單元
空服服務溝通與播音技巧概述

本章導讀

　　本單元主要概括介紹了空服工作的內涵、客艙溝通的要領、常用語言及空服人員的素養要求等，使學生對客艙溝通和播音有一個大致的了解，為後幾單元的訓練打下良好的基礎。

PART 1

空服服務概述

一、客艙服務概述

（一）空服職業的特點

　　在明確空服職業的特點與素養要求之前，首先我們應先了解空服人員的含義。空服，即空中服務人員，也就是飛機上為旅客服務的人員。空服職業是一種特殊的服務行業，由於其在高空作業，具有高收入、高付出、高風險、高規範、高封閉等職業特點，加之早期民航具有國有壟斷的性質，使得這一行業充滿了神祕色彩。尤其因為有高收入的誘惑使空服工作成為成千上萬女孩子夢寐以求的職業。但這個職業要求從業人員具備良好的職業道德、得體的形象與舉止、豐富的文化底蘊和高超的服務技巧，特別是溝通協調能力和親和力更是空服人員眾多能力中不可缺少的前提與基礎。

（二）客艙服務的主要內容

　　客艙服務包括溝通、衛生、廣播、餐飲、娛樂五個方面。溝通主要是指空服員應使用禮貌用語、熱情迎送、主動幫助旅客安排座位及隨身攜帶物品。起飛前介紹緊急設備的使用方法及注意事項，機長應向旅客做自我介紹。

　　航行中要介紹航線主要地標，名勝古蹟及地理情況。

　　一般來說，飛行時間超過 2 小時且正值供餐時間（6:30 ～ 8:30, 11:30 ～ 13:30, 17:30 ～ 19:00）或飛行時間超過 3 小時，必須供應正餐；飛行時間超過 1.5 小時且非供餐時間或飛行時間超過 2 小時，必須供應點心。飲料品種要多樣化並配備冷熱飲。

　　此外，客艙服務還包括提供雜誌和當天或前一天的中外文報紙（人手

一份），機上錄影（內容要輕鬆、活潑、健康並每月更換一次）及保全、清潔衛生等事項。現代交通運輸業的激烈競爭對客艙服務的規範化、個性化提出了很高的要求。

（三）工作程序

熟悉空服工作程序能夠幫助我們更好地了解其服務的特點。

1. 預先準備階段

飛行前一天下午到公司準備室去進行飛行前準備，在準備會上要明確第二天的航班的起飛時間、機型、航班號、機號、機長姓名、空服組人員、航線數據等各個方面的資料。空服員在執行任務時必須攜帶登機證、空服員執照、健康證明，同時需攜帶空服員手冊、廣播詞及其他服務用品。

這個階段要求空服員熟練掌握飛機上的各種設備，要複習在遇到緊急情況時各個號位的空服員應該做些什麼，整個機組還需協商好碰到劫機等各種突發事件時的應對措施。

2. 服務工作直接準備階段

空服員要提前 1 小時 10 分鐘到飛機上進行直接準備。首先要檢查各種設備完好情況，如：旅客服務面板上的閱讀燈、服務鈴、餐桌、桌椅靠背，空服員服務面板上的各種燈光、話筒、音樂等，尤其要考慮到緊急狀態下要用的各種設備情況，如氧氣瓶裡面氧氣是否夠用、滅火器是不是沒用過的、充氣滑梯壓力是否正常等；清點餐點的配備情況，對餐點的數量和品質要把關好，對供應品要清點清楚；檢查客艙、廁所衛生及用品情況，如面紙、捲筒衛生紙、肥皂、香水、坐墊紙是否配備齊全；檢查廚房

用品是否齊全，如茶葉、咖啡、方糖是否齊全，是否有特殊乘客餐等。

3. 客艙服務實施階段

3.1 迎接旅客登機

當旅客登機的時候，各個號位的空服員要站在各自的號位上迎接旅客的登機。在旅客登機的同時要向旅客鞠躬並微笑問好，介紹座位號碼的所在，協助旅客安排行李，幫助老弱婦孺旅客找到他們的座位；旅客登機後要整理好行李架上的行李，要隨時注意旅客有什麼需求，如是否需要毛毯、枕頭、拖鞋之類的生活用品。

1-1 整理行李架

3.2 客艙安全示範和檢查

旅客坐好之後，安排好行李，外場空服員就要進行客艙安全示範，隨後進行客艙安全檢查，包括是否繫好安全帶，調直椅背，收起餐桌，拉開遮陽板，行李架是否扣好，緊急出口和通道是否沒有行李的擺放，提醒旅客手機一定要關掉等；內場的空服員還要把廚房電源關掉，扣好各種鎖

扣，放好餐車，關好各個衣帽間、烤箱的門等。做完了這些檢查，飛機就要起飛了。

3.3 廣播與發放餐飲

飛機平穩飛行後，內場空服員進行廣播，外場空服員就要開始發放報紙、毛毯、紙巾、餐飲等。一般來說，短距離飛行只發放飲料與點心；飛行時間 1.5 小時以上的航班發放餐飲的程序包括：發餐前飲料，供應餐點，再發一遍飲料，再加一遍飲料，收拾餐盤。有些航班還會發放紀念品、入境卡、海關申報單、健康證明等，有時還要幫旅客填寫這些表格。

3.4 巡視客艙

注意觀察旅客有什麼需求，最好在他們提出之前就看出來並幫他們解決問題。如是否還需要飲料；剛醒來的旅客是否需要用餐；幫睡覺的旅客關掉閱讀燈和通風口，為他們蓋上毛毯、遞上枕頭等；同時要隨時注意清除客艙裡的垃圾。

1-2 關心旅客需求

3.5 安全檢查

飛機下降前，要進行安全檢查，提醒旅客繫好安全帶、調直椅背、收起餐桌、拉開遮陽板，看看行李架是否扣好，緊急出口和通道是否沒有行李的擺放等。

3.6 送別旅客

飛機落地，各個號位的空服員要站在自己的號位上微笑送走所有旅客，然後檢查客艙裡是否有旅客遺留的物品。航班結束。

4. 空服組航後講評

空服服務工作的最後階段，是總結工作、評估服務品質，一般由主任座艙長或座艙長主持。

二、空服職業要求

（一）空服工作的職業要求

1. 強烈的服務意識

作為民航這樣的服務行業中的企業，服務意識必須作為對員工的基本素養要求加以重視。沒有強烈服務意識的服務在激烈的市場競爭中很難贏得更多的回頭客。

2. 良好的思想素養

良好的職業精神看似抽象，其實就蘊涵在空服員對服務工作的那一份深深熱愛中。由於空中空服工作是一個勞動強度大、工作時間沒有規律而對服務品質要求又很高的職業，沒有良好的心理承受力和吃苦耐勞的精神很難做到時刻為旅客著想。

3. 高超的服務技能

如果說服務意識是飛機的機身或引擎，那麼服務技能和服務技巧則是飛機的兩個機翼。服務技能和技巧只有在具有服務意識的基礎上才能夠有效，有了服務意識，危機總會得到避免或合理控制；只有「服務意識＋服務技能＋服務技巧」的民航服務才能夠實現旅客滿意和真正意義上的民航和諧。

4. 具備良好的氣質與形象

空服員的言談舉止、服務態度是一個航空公司乃至一個國家的形象及服務水準的外在展現，民航空服員從外表上要相貌端莊、舉止得體大方，具有親和力。女性身高一般要求在 163～172 公分之間，男性身高要求在 173～184 公分之間，雙眼裸視 0.6 以上，身體無明顯疤痕。

5. 全面的綜合品質

良好的溝通來自於豐富的內涵和良好的品質。身為一名空服人員，必須掌握各種機型的特點、緊急處置、醫學救護、地理常識、風土人情、社交禮儀、心理學、航空機械常識、民法等知識，尤其是熟練掌握不同的語言，靈活運用語言技巧非常重要。空服人員在把知識和智慧傳遞給旅客的同時，也向他們展示自己的魅力，人們會認同、熟知並記住這份與眾不同

的魅力。

1-3 空服人員應具備良好的形象

所以說空服工作應該是集服務人員、播音人員、導遊、安保人員、廚師、民航形象代言人等多種職能於一體的特殊職業，要求從業人員具備多種能力，既要「出得廳堂」，又要「入得廚房」。

（二）空服服務禮儀

1. 候機溝通禮儀

1. 著裝規範統一，化妝、髮型、行李箱等符合公司統一要求。
2. 言談文雅，舉止優雅，動作禮儀嚴謹、規範。
3. 語音語調柔和，說話音量適中，面帶微笑，忌表情呆板。

4. 手勢適度，站姿、坐姿等儀態符合空服禮儀標準。

2. 迎送乘客禮儀

1. 乘客登機時，應按規範禮儀站姿並面帶微笑站立於機艙門口迎接乘客。女性空服員雙手交叉放在小腹部，男性空服員雙手放在身體兩側。
2. 客人走近時行鞠躬禮並熱情問候：「您好，歡迎登機！」
3. 一般左手手臂自然彎曲，手指併攏，掌心微斜向上，指引乘客進入機艙（如有信仰伊斯蘭教乘客，則不能伸左手引路）。
4. 若遇客人攜帶行李箱，應主動上前扶助，幫助其跨越機艙口。

1-4 著裝應規範統一

5. 若遇老人、小孩、身障人士應熱情扶助，並主動將其帶到座位旁。

6. 客人離機時，應按規範禮儀站姿並面帶微笑站立於機艙門口送別乘客。

7. 向乘客行鞠躬禮並誠懇道別。

3. 客艙服務禮儀

1. 耐心、親切地向乘客介紹此次航班機組及空服人員。

2. 準確、細緻地介紹機艙內設備設施並配以示範，示範動作要規範、標準。

3. 飛機起飛和降落前，仔細檢查乘客是否繫上安全帶、收起餐桌，提醒乘客機艙內注意事項並耐心解答乘客疑問。

4. 派送報紙雜誌時，應走到乘客座位旁，上身微傾，用適當的音量和語調詢問乘客需要閱讀機上哪種報刊；對閉目休息的乘客則遵循「不打擾」原則。

5. 為客人上茶（飲料或點心）前，首先應把手洗乾淨，認真檢查餐、飲器皿是否乾淨，並按人數多寡準備點心、飲料。然後往茶杯中注入八分茶水，留意茶的濃度。

6. 將點心、飲料整齊、合理地擺放在推車中，推動推車時，動作平穩輕鬆，表情大方親切；將推車推至乘客座位旁時，雙手將點心、飲料遞送給乘客。

7. 若因自己不小心或突遇顛簸等原因而把飲料滴灑在乘客身上，要馬上誠懇道歉，若對方與自己為同性則用乾淨毛巾或紙手帕為客人擦拭；若為異性則酌情處理，道歉後一般是將乾淨毛巾或紙手帕雙手遞與，並重新提供服務。

（三）空服服務技巧

1. 微笑服務

　　越來越多的生活經驗告訴我們：微笑並不意味著高興，事實上，它更是一種重要的體態語言、社會語言，具有社會性。微笑，反映的是一種意願、一種關係、一種文化。面對飛機上的每一位乘客，空中空服人員必須是微笑的，微笑是空服人員必備的基本溝通技巧。

1-5 微笑服務

2. 真誠的服務

　　空服人員應該本著真誠的態度營造一種親切的氛圍，讓旅客進入客艙時有一種賓至如歸的感覺。這種親切的職業形象容易拉近與旅客的距離，可以使空服員在服務過程洋溢著愛心，服務水準也能得到最大限度的

發揮。

3. 細緻周到的觀察與服務

及時為旅客傳遞各種資訊，把服務做在旅客開口之前。學會恰到好處地運用服務語言和傾聽旅客的要求，及時發現旅客的細小變動，用心體貼，善解人意，急旅客之所急，想旅客之所想，甚至在旅客本人還未明確地意識到他所需要的服務時，就把服務送到他身邊，與旅客求得心靈上的溝通，帶給旅客滿意和溫馨的感受。

4. 豐厚的文化底蘊

廣博的知識、機智的反應加上生活情趣，這不僅是旅客的要求，也是空服人員自我發展的需求。豐厚的文化底蘊有助於空服人員進行準確的客戶類型分析，更好地提升服務技能，避免發生不必要的客戶投訴事件。

── 案例 ──

　　1993 年，張力（化名）幸運地被某航空公司招收為一名空服員，由一名整天與書本和同學們相伴的學生，成為年輕女孩夢想的藍天使者，內心充滿喜悅。張力很認真地跟隨帶飛教員學習，努力把所學的專業知識運用到工作中，旅客隨時都能看到她燦爛的笑臉，聽到她真誠的問候。正當她為自己能很快適應工作而沾沾自喜時，旅客的問題常常會把她難住：「空服員，下次我把這些行李都託運了，你們公司會收我多少錢？」「空服員，我們老兩口去東京旅遊，住什麼地方既便宜又實惠？」「空服員，泰國有什麼特色菜？」「從機場搭到市中心很貴嗎？」……面對這一系列問題，張力的笑容頓時牽強起來，她深深地感到客艙服務絕不僅僅是端茶倒水、微笑就可以令乘客滿意的，還要了解旅客的困難、需求和情緒，用心去感受和體會，並為之提供幫助。於是，業餘時間裡，

張力閱讀的書籍裡多了《地面運輸服務》、《旅客心理學》、《日常保健》以及《各國旅遊指南》等。在飛每個航班前，她會把所到之處的氣候特徵、名勝古蹟、飯店價格、機場到市區的距離等記熟。現在無論飛到哪裡，她都會告訴旅客什麼景點最美、什麼地方東西最好吃、什麼飯店最有特色……面對旅客時，她的笑容也更加燦爛和自信了。

飛行了 12 年，每天面對的旅客身分各有不同，有長者，有晚輩，也有同齡人，從職業上來說更是千差萬別，如何讓每一位旅客滿意，張力認為就需要自己扮演各種不同的「角色」——服務人員、協調人員、醫生、導遊甚至是阿姨、晚輩等旅客所需要的各種角色，並且要把這些角色扮到最好。

PART 2

空中溝通概述

一、影響溝通的因素

溝通是人類社會交流的基本行為過程，用任何方法或形式，在兩個或兩個以上的主體之間傳遞、交換或分享任何種類的資訊的任何過程，就叫做溝通。溝通是人與人之間建立聯繫的主要方式，比如，口頭語言、文字書面語言、表情動作、身體語言、音樂圖畫等藝術語言都是溝通的方式。溝通是傳遞者→過濾→接受者→回饋的循環過程。在人際溝通中，聲音、語言、視覺所占比例分別是 38%、7% 和 55%。

（一）影響溝通的四個因素

溝通是一個雙向互動的過程，無論是資訊發出者和接受者的主觀原因，還是外在的客觀因素，都可能導致溝通的失敗，使得雙方無法就某一資訊共享或達成一致的認知。

1. 情緒因素

由於身體狀況、家庭問題、人際關係或過分怯場、膽怯等因素而導致的情緒波動直接影響溝通的正常進行。如在對方說話時精神不集中或者對某事不自信，從而沒有充分理解對方的意圖，將會給對方留下不好的印象。

2. 表達方法

說話直白、語氣生硬或缺乏熱情會令對方反感，難以接受你的觀點，即使你的觀點是對的，談話也會不歡而散。在溝通中要視雙方的地理位置、所處的場合而選擇合適的媒介來傳遞資訊。一般而言，面談是最好的方式，可以進行及時的互動、回饋，可以從對方的身體語言、面部表情來洞察對方的想法，及時調整談話的方式或策略。如旅客把行李放在通道上

了，可以說：「先生，我幫您把東西放在行李架上好嗎？謝謝。」而不能直接說：「按照民航規定行李必須放在行李架上，請把行李放在行李架上。」

3. 個人因素

因為世界是多元的，所以每個人的成長背景、性格、人生經驗、教育程度、文化水準、價值觀念是不同的，這就導致對同一資訊會有不同的理解。這樣的情況下，求同存異是最好的溝通方法了。

4. 環境因素

在溝通過程中，選擇不適當的時間、地點等，都會直接影響到資訊傳送。如在午休的時間談論下一步的工作計畫，在辦公室裡談論薪酬問題都是不合適的。

（二）有效溝通的四個技巧

一個人的成功，離不開健康和諧的人際關係，為了提升個人的競爭力，必須不斷地運用有效的溝通方式和技巧，靈活、恰當地與人接觸溝通。

1. 有效溝通的尊重技巧

培養良好的態度。只有具有良好的態度，才能讓別人接受你、了解你。與別人溝通的時候，應該保持謙虛的態度，無論是否同意對方的意見，都應該給予充分的尊重。在談話過程中，應保持良好的姿態，身體前傾；保持微笑，學會用目光與對方溝通，談話中要有適時的回饋，令對方覺得你對他的話題很關注；避免一些不禮貌的舉止，如不停地看時間、玩弄筆蓋、抖腳等。

2. 有效溝通的傾聽技巧

俗話說「會說的不如會聽的」，專心致志地傾聽會讓你的溝通對象感覺到你對他的接受和認可，他會視你為知己，從而更加深入地與你溝通。要學會微笑著傾聽，微笑是一種最能讓人感到親切的表情，自始至終的微笑可以縮短溝通雙方的心理距離，更便於溝通。在溝通過程中，為傾聽對方要表達的確切意思，有必要向對方確認求證，所以，「您說的是這個意思嗎？」、「是這樣的嗎？」、「是否可以這樣描述……」這樣的語句是少不了的。不要從自己的角度來聆聽對方的話，要盡可能地站在對方的立場來明確其真實的想法。如卡內基曾講過這樣一件事，一位婦人來到他的辦公室，一進屋就說自己剛剛去過非洲。卡內基頗有興趣地說：「那您一定對非洲有很多的了解了吧？」就這樣，卡內基一直認真地聽這位夫人興致勃勃地講了一個多小時，並在夫人結束說話時告訴這位夫人：「您講得太精彩了，彷彿使我置身於非洲大草原一般。」後來，這位夫人逢人便誇卡內基先生，說他是一位非常健談的人，實際上，卡內基從頭至尾僅僅是一個忠實的聽眾而已。

3. 有效溝通的提問技巧

提問，除了可以確認對方表達的資訊，還可以集思廣益、啟發思路，使自己的想法更加成熟、完善。在我們與人溝通時，學會提問，才能讓對方說出內心裡想說的話，你才能了解他的真實情感與想法。提問的方式主要有四種：

1. **開放式提問**：5W1H（what/who/which/where/why/how），不限制答案的提問方式。如：「請談談您對美國的印象。」
2. **封閉式提問**：以 Y/N（Yes/No）來回答，確定事實的提問方式。如：「您需要蘋果汁嗎？」、「需要我幫忙嗎？」
3. **探討式提問**：就某一問題展開深入討論的提問方式。如：「您看下

一步該怎樣處置更好？」

4. **反射式提問**：就一個問題向不同的人尋求不同意見的提問方式。

如：「先生，請教一下，國外客艙中類似的情況如何處理？」

客艙服務中使用哪種提問方式應視具體情形而定。一般來說，提問時應注意察言觀色，用簡潔的語言先提一些容易回答的問題，培養出對方的情緒，引導對方說出更多的話、說出自己內心的真實想法，這在雙方的溝通交流中是非常重要的。如在客艙中看到某位乘客情緒低落或神情焦急可以親切詢問：「這位先生，您有什麼需要我幫助的嗎？」

4. 有效溝通的回饋技巧

溝通時應注意內容和語調，正常的溝通應該有的放矢，盡可能傳送有效的資訊。談話對方不僅在意你對所談論的問題是否重視，更需要了解你對此的看法、意見。給出回應，特別是建設性的回應，會增強雙方的認同感，容易達成一致。比如對方談論的問題你可以用「原來是這樣啊」、「我也這樣認為」等語言以及配合點頭、微笑、全神貫注地傾聽等體態語來回應。

在掌握空中溝通要領之前，我們首先應了解乘客心理，只有了解他們的共性心理才能為體貼入微的服務打下良好的基礎。

二、空中溝通要領

（一）了解旅客乘機的共性心理

旅客乘機旅行的心理活動貫穿了從他產生旅行的需要開始，到他到達目的地結束旅行為止的整個過程。

　　一般來說，乘飛機的乘客需求往往具有以下特點：求順利、求安全、求舒適、求方便、求健康、求尊重、求安靜、求愉快。因此，人們乘機的共性心理主要表現為對交通工具的安全、經濟、迅速、方便、舒適程度、服務品質等進行一般性的分析，具體表現為以下幾個方面：

1. 安全心理

　　旅客乘機最根本的需求就是安全的需求，它包括人身安全和物品安全兩個方面。

　　「平安」就是不發生任何危及人身安全和財物安全的意外事故，也就是不發生人身碰擠傷、摔傷、燙傷等傷害情況，旅行中所攜帶的財物、文件資料保持完整，不發生任何丟失或損壞的情況。針對乘客這種心理，在飛機因故延誤時，空服員從安全角度引導、安撫旅客的效果往往很好。

2. 順暢心理

　　送親友出門時，除了祝福他「一路平安」外，人們常說的另一句話是「一路順風」，講的是旅行中的順利、愉快問題，這也是出門旅行者的一個共性心理要求。

　　從旅客運輸服務管理角度，應盡最大的努力滿足旅客的需求。在為滿足旅客需要而做工作的同時，還要做好宣傳工作。旅客出門時往往不想自找麻煩，在客艙中更是如此。所以，空服人員如果能理解這一點，在旅客抱怨時就會理解他們的不痛快很可能來自於我們民航服務某個環節的疏漏或不足，要進行耐心解釋，用優質的客艙服務來彌補航空器硬體的不足。

3. 快捷心理

　　隨著社會的發展，人們的時間觀念發生了重大的變化，「快捷」成為旅

客的一個主要要求。縮短旅行時間、迅速到達目的地，可以節省時間，同時減少旅行疲勞。在旅客旅行的過程中，由於機器故障或天氣等原因而發生的延誤，影響到旅客旅行的順利進行，旅客有權了解發生的原因，空服人員必須把事情的真相通告給旅客，讓旅客心裡有數，使其能夠對自己下一步的行為預先進行計劃。

4. 方便心理

旅客出門旅行，希望處處能夠方便，這是一種很普遍的共性心理。為了適應旅客的方便心理，需要採取一些措施，如代辦中轉服務等都會滿足旅客的方便心理要求。即使做不到，也要給乘客一種盡全力去做的感覺，使其明白其需求得到充分的尊重，沒有得到滿足是客觀原因造成的。要點是盡力使旅客感到處處、事事、時時方便，節省時間，能夠使事情順利辦成。

5. 舒適心理

隨著經濟的發展和人們生活水準的提升，旅客對旅行舒適性的要求日益提升，對乘機環境、文化娛樂、飲食、休息睡眠等內容的要求相應提升。這種需要的程度和水準受多種因素影響，特別是旅行時間的長短往往是產生決定作用的因素。因此，2小時以上的航班上，空服組要有意識地在服務細節上下些功夫，如放些輕音樂、做一些小活動等。

6. 安靜心理

心情安靜與否，在一定程度上取決於人對環境的感受。一個井然有序的環境，可以使人心平氣和。因此，要加強對環境有序性的管理，這種有序性包括兩個方面：一是物的有序性，二是人的有序性。比如，夜晚航班空服員的客艙服務要以保障乘客休息為前提。此外，保持客艙的清潔衛生

也是有序性的一種表現，清潔、衛生的環境使人心情愉快。

（二）空服工作溝通的原則

1. 規範性

民航空服工作有著非常嚴格的服務程序與規範，空服員必須嚴格遵守和執行，並且要透過溝通使旅客了解並理解，以保證每一航班的順利。

2. 明確性

安全性是乘坐飛機的旅客最為關心的事情。空服員的首要工作是要保證旅客安全，必要的機艙物品的使用和講解要清晰、明確。

3. 尊重性

旅客乘坐飛機的票價要遠高於火車和客運汽車、輪渡等交通工具，飛機的便捷性和舒適性也是乘客自身價值的展現。服務中的溝通要更人性化，讓顧客感到物有所值。

4. 幽默性

狹小空間裡磕磕碰碰在所難免，身為空服員，具備幽默的溝通技巧可造成潤物細無聲的作用，讓旅途充滿快樂。

（三）空中溝通要領

空中空服人員與服務對象之間形成親和力在服務中是非常重要的。某位外資企業的經理曾說，有些空服員當面笑得很燦爛，可當你有事情回頭

再看她時，臉上的笑容轉瞬即逝，變得冷冰冰的，使人心裡很不是滋味。這說明有些空服人員的微笑僅僅是職業性的，缺少內涵，我們的溝通技巧還有待進一步提升。具體說，溝通中要注意以下事項：

1. 努力創造親和效應

人們在人際交流和認知過程中，往往存在一種傾向，即對於自己較為親近的對象，會更加樂於接近。對空服人員來說，為了使自己熱情的服務獲得旅客的接受，有必要在服務過程中積極創造條件，努力形成雙方的共同語言，如多與乘客溝通、保持微笑服務等等。

空服人員在講解求生注意事項時有很多乘客閉目養神，不注意聽。很多國外航空公司的空服人員這時候喜歡來一段幽默表演，比如說：「要拋棄或離開一個舊情人也許有 50 種方法，但要離開這架飛機只有 5 種方法，如果你不注意聽，就一種也不知道，只能等死。」空服員的話語使乘客在笑聲中集中了精力。又如某家航空公司一次執行專機任務接待國外某王室成員，在得知這位王室成員酷愛詩歌並曾經正式出版過兩部詩集後，航空公司特意安排兩位外語優秀、愛好詩歌的空服人員在王室成員登機後閒暇時向其請教詩歌，並請其在他本人的詩集上簽名留念，由於溝通得體，結果客艙氣氛非常融洽。

2. 尊重旅客，學會用心傾聽

人們常說，服務行業應「兩張耳朵一張嘴」，就是要多聽少說，多聽比多說更為有益。俗話說「善聽者善交人」，要想做到高效溝通，需要學會用心傾聽。既不要在對方談興正濃時打斷，又要善於概括對方說話的要點，協助對方將話說出來、說下去，還要善於聽出對方的弦外之音。

─ 案例 ─

　　某航班上的一位外籍客人在頭等艙剛一落座，就對空服員的服務不斷挑毛病。他的表現立即引起座艙長的注意。座艙長走近對方，先是認真地傾聽了對方對於配餐、報刊的種種不滿，接著誠心誠意請教對方：「先生，您見多識廣，國外著名航空公司的班機您肯定坐過不少。請教一下，您認為我們在服務方面存在哪些不足？」在回答完座艙長請教的問題後，那位外籍旅客態度變得平和了。

3. 使用委婉、親切的語言

　　在客艙服務中，回答旅客提出的問題或向旅客進行說服工作，例如解釋民航規章制度、旅行常識，糾正旅客不文明行為等等，都需要溝通。回答旅客的提問不要以貌取人，要用婉轉的道理和有涵養的語言回答旅客，避免因直言快語引起失敬和失和。解釋民航規章的出發點是為旅客服務，而不是用民航規章來卡旅客。記住反駁不要說的太直接，出言求智、禮貌周全，要使旅客禮中知理、心悅誠服。如韓國空服員的美來自她們的談吐舉止、禮貌大方而不失溫文爾雅，每一次與客人對話時總是先一鞠躬，彎腰顯示出對客人的尊重；永遠笑容滿面，給人一種溫馨的力量。這種笑是一種發自內心的禮儀，而不是勉強為之的應付的笑，而且她們從來沒有精神委靡的時候，總是挺直腰身，保持著一種精神上的飽滿。有一次在韓國的航班上，一位旅客在等洗手間的時候，順便坐到了空服員的位置上，只見一位空服員笑容滿面地過來，彎下腰，輕輕地像耳語一樣在乘客旁邊說：「這個位置是專供空服員坐的，因為這個地方靠近緊急出口。」空服員的話語氣輕柔、溫文爾雅卻又誠懇沉穩，由於溝通得體，不僅沒有使乘客尷尬，反而使其心悅誠服地起身離開。

4. 以幽默化解矛盾

心理學大師佛洛伊德說，人類是「求快樂的動物」。其實人一生總是在做兩件事情，追求快樂和逃避痛苦，我們都喜歡「笑、高興、快樂」，而不喜歡「痛苦」與「悲傷」。身為空服人員，有必要在生活中多觀察、累積，學會用幽默來與旅客溝通。幽默需要合乎時宜，要根據時間、地點、對象等具體條件來決定。一般來說，旅客身體不佳或情緒低落時不宜採用幽默的方式。

━ 案例 ━

　　某航空公司的 A320 老式飛機使用的影音設備聲音控制有些問題，聲音關小了就一點也聽不見，可是開大一點就特別吵。一天，正巧某空服組使用這臺設備。

　　當飛機上正在播放安全須知的時候，一位旅客對著空服員大喊：「這麼大的聲音，把它關了。」這名空服員對旅客說：「我們的聲音已經調到最小了，等會兒放影片我們就把聲音關了。」可是，這名旅客不依不饒，執意要求關掉聲音，還質問空服員：「你們為什麼不修理？」

　　座艙長見狀，從藥箱中找出兩根棉花棒，把棉花頭拔下來放在手心，另一隻手又拿了兩條小白毛巾，一本正經地走到旅客跟前說：「先生，實在對不起，您經常坐飛機，可能不需要看安全須知了，可是飛機上還有初次坐飛機的旅客。這樣吧，我幫您拿了兩副『耳塞』，請您選用。」這位旅客看了看棉花棒，面露懷疑之色。座艙長便說：「您如果擔心棉花棒太小，會掉在耳朵裡，讓我幫您用小毛巾把兩隻耳朵包起來吧。」這位旅客同路的夥伴看著他就笑了：「這樣不就像一隻大白兔了！」一句話讓那位旅客「撲哧」一下也笑了，這時，安全須知已經快播完了。

PART 3

空中服務溝通與播音概述

眾所周知，空服員的日常工作就是為旅客服務，與旅客暢通無阻地溝通對於空服員來說是至關重要的。

客艙表達，是指在服務過程中，空服人員借助一定的詞彙、語氣、語調、身體語言表達思想、感情、意願，與旅客進行交流的一種相對正式並能反映一定水準而又不失靈活的溝通方式。服務語言是旅客對服務品質評價的重要指標之一，在服務過程中，語言得體、清晰，聲音純正悅耳，就會使旅客有愉快、親切之感，對服務工作產生良好的反應；反之，服務語言「不中聽、生硬、唐突、刺耳」，旅客會難以接受。強烈、粗暴的語言刺激，會引起旅客的不滿與投訴，嚴重影響航空公司的信譽。

服務語言是典型的職業用語，它的語言主體由職業詞彙構成，機艙內服務用語主要涉及飛機結構、航空概況、航空地理、旅遊景點介紹、空中服務等幾個方面。

一、客艙表達基本用語

（一）空中服務常見語言

對於以語言表達為主要服務方式的空服人員來說服務用語是關係服務品質、服務態度的大問題，因此，空服員認真掌握服務語言至關重要，它是提升服務品質的關鍵。

1. 對旅客的稱呼

◀　一般稱男士為「先生」，稱女士為「小姐」、「太太」，頭等艙旅客提供姓氏稱呼服務。

◀　重要旅客應稱呼：「官銜」及職務。

◀ 企業家應稱呼：「經理」、「老闆」、「貴賓」等。

2. 客艙服務用語

◀ 歡迎、早安、晚安、您好、再見

◀ 「歡迎您登機。」「請問，您需要毛毯嗎？」

◀ 「請跟我來。」

◀ 「請您對號入座。」

◀ 「您想喝點什麼？」

◀ 「請問，您需要來點飲料嗎？」「來點飲料好嗎？」

◀ 「您需要用餐嗎？我們現在準備為您提供正餐、小吃、點心。」

◀ 「如果您現在暫不需要用餐，我們將在您需要時提供，到時請您按一下服務鈴，我們將隨時為您服務。」

◀ 「我還能幫您做點什麼嗎？」

◀ 「對不起，讓您久等了！」

◀ 「請稍等，我會盡力為您解決。」

◀ 「請稍等，我來幫您辦。」

◀ 「對不起，牛肉已沒有了，但在下一餐開始時，我會請您優先選擇餐點品項。」

◀ 「請問，需要我來幫助您嗎？」

◀ 「對不起，您需要的飲料供應完了，但您可不可以品嘗一下××× 飲料，這種飲料味道也不錯。」

◀ 「對不起，熱食每位旅客僅配一盒，您看為您提供一點麵包可以嗎？」

◀ 「對不起，我可以收拾餐桌嗎？」

◀ 「很抱歉，航班由於天氣原因延誤了，我們會及時為您提供最新消息。」

◀ 「很抱歉，飛機有點小毛病，為了保證安全，我們必須更換零件，

機務人員會以最快的速度換完零件。」

◀ 「謝謝您提的寶貴意見，我一定會向長官如實反映。」

◀ 「歡迎您提意見反映情況，這是您的權利。」

◀ 「這不屬於我的職責範圍，不過我可以為您代勞。」

◀ 「對不起，機組沒有醫生，這就為您廣播找醫生。」

◀ 「感謝您乘坐本次航班，希望再次見到您。」

◀ 「祝您旅途愉快！再見！」

3. 客艙內禁止使用的服務用語

◀ 「沒有了。」

◀ 「供應完了。」

◀ 「沒辦法。」

◀ 「這不關我的事。」

◀ 「這是地面的事。」

◀ 「這是其他部門的事，與我們無關。」

◀ 「不能放這。」

◀ 「你去告好了。」

◀ 「找我們座艙長。」

◀ 「我不知道。」

◀ 「我忙不過來。」

◀ 「你想幹什麼。」

◀ 「等一會。」

◀ 「沒準備那麼多。」

◀ 「你不能這麼做！」

……

此外，身為空服員還要避免說「摔」、「墜」等聽起來不吉利的詞彙。

4. 特殊情況時服務用語

◀ 「跟我來（學）。」

◀ 「服從我的命令。」

◀ 「你必須這樣。」

◀ 「聽從指揮。」

◀ 「動作快點。」

◀ 「到這邊來。」

（二）客艙服務中 15 句中英文常用語

以下的 15 句常用語請不斷練習，直到可以脫口而出為止。

1. 先生，早安（午，晚）安，歡迎登機。Good morning (afternoon, evening) , sir. Welcome aboard.
2. 是，我明白。Yes, I see.
3. 好的，馬上過來。Yes, I am coming right now.
4. 對不起（抱歉）。I am sorry.
5. 請。Please.
6. 馬上替您拿來。I will get one for you in just a moment.
7. 打擾了。Excuse me.
8. 明白了。Yes, I know.
9. 先生，讓您久等了。Thank you for waiting, sir.
10. 需要我幫助嗎？Can I help you？
11. 我馬上查一下。I will check it.
12. 不客氣。It's my pleasure.
13. 謝謝。Thank you very much.
14. 托您的福。Thanks to you.
15. 祝您旅途愉快！I hope you enjoy your flight！

（三）飛機客艙概況介紹

1. 艙位介紹

旅客艙位分為 F 艙（頭等艙）、C 艙（商務艙）、E 艙（普通艙）三個部分。

2. 機窗介紹

客艙內機窗有三層玻璃：裡面一層為有機玻璃，為防衝撞；中間與外面為抗壓玻璃；中間玻璃上有小孔、遮光板，可隨意向上推開調節高度，但在飛機起飛和降落過程中遮光板必須打開，以免影響飛機安全。

3. 乘客座椅說明

乘客座椅椅背的角度可以調節，但緊急窗口旁的一排座椅不能調節。普通艙座位扶手上有旅客服務系統，包括閱讀燈開關、呼叫按鈕、耳機插孔、音量調節按鈕、頻道調節按鈕、菸灰缸、椅背調節按鈕；前排椅背有餐桌可放下；座椅上方有閱讀燈、通風孔、氧氣面罩、儲藏室、繫好安全帶和禁止抽菸指示燈。

4. 救生設備

每個座位上方有氧氣面罩，發生危險時氧氣面罩會緊急脫落（具體使用方法飛機上有演示）；每個座位下有救生衣，包括兒童使用的救生衣（具體穿法要演示）；飛機上還備有充氣滑梯，當飛機發生緊急情況需迫降時，打開飛機艙門，充氣滑梯可以使旅客安全離開飛機。

5. 緊急出口

一般飛機有三個緊急出口，分別位於客艙的前、中、後三個位置（空服員應該明確介紹）。坐在緊急出口座位處的人必須是具備行為能力的成年人，而且語言溝通不存在障礙（如果緊急出口處為不精通中文的外國人也不妥當）。假如客艙裡有煙，客艙內能見度較低時，乘客可按照客艙通道的緊急燈盡快找到離自己最近的緊急出口，離開飛機。

6. 飛機洗手間

飛機洗手間的設備有折疊式門和插銷，頂部有揚聲器、煙幕報警器、信號牌、呼叫按鈕等。乘客在洗手間內禁止抽菸，有緊急情況按呼叫按鈕。

（四）客艙內禁止行為介紹

1. 航空器內禁止盜竊、故意損壞或者擅自移動救生物品和設備。
2. 在航空器上禁止下列行為：

① 在禁菸區抽菸；
② 搶占座位、行李艙（架）；
③ 打架、酗酒、尋釁滋事；
④ 偷盜、故意損壞或者擅自移動救生物品和設備；
⑤ 危及飛行安全和擾亂航空器內秩序的其他行為。

3. 損壞飛機上設備是一種非法行為，對毀壞設備造成航空器發生危險、但尚未造成嚴重後果的，也要處以有期徒刑。
4. 「破壞交通工具、交通設施、電力設備、燃氣設備、易燃易爆設備，造成嚴重後果的，處十年以上有期徒刑、無期徒刑或者死刑。」在飛機上使用移動電話等便攜式電子設備有可能導致航空器

傾覆，應視為違法行為，構成公共危險罪。

如在飛機飛行或滑行期間有乘客撥打手機，空服人員應該再三警告顧客不要因為一時方便對他人和社會造成無法挽回的損失，嚴重者有可能因此而承擔賠償責任和刑事責任。

二、空中廣播的特殊性

空中廣播，簡而言之，就是飛行中空服員針對客艙客人進行的廣播。它是客艙溝通的重要內容，面向全體乘客，告知需要大家周知的事項。它包括歡迎詞、安全演示解說詞，發放耳機、提供餐點、起飛以及降落廣播詞。此外，一些突發情況如遇到顛簸或水上、陸地緊急迫降等都有相應的廣播詞。不僅不同服務內容的廣播詞不同，即使服務內容相同也要視服務對象的不同而有所區別。常見的廣播詞舉例如下：

（一）一般登機廣播詞

小姐們、先生們：

早上（午、晚）安！

歡迎您乘坐 ＿＿＿＿ 航空公司 CI＿＿＿＿ 航班由 ＿＿＿＿ 前往 ＿＿＿＿。請按照座位號對號入座，座位號在 ＿＿＿＿。請您把行李放在行李架上，保持通道和出口不被行李堵住。請您盡快在座位上就座，以方便其他旅客透過。謝謝合作！

（二）運動會代表團歡迎詞

女士們、先生們：

早（午、晚）安！

歡迎您乘坐 _____ 航空公司 CI_____ 航班由 _____ 前往 _____。
時值 _____ 會正在舉行，我謹代表機組人員衷心地祝願所有的來賓在 _____ 生活愉快。希望我們的服務能給您留下美好的印象。

祝您旅途愉快。

謝謝！

（三）新年歡迎詞

女士們、先生們：

新年好！歡迎您乘坐 _____ 航空公司班機前往 _____，並致以新年的問候，恭祝各位在新的一年裡萬事如意、合家歡樂、事業興旺！

現在空服員進行客艙安全檢查，請您協助我們收起您的餐桌、調直座椅靠背、打開遮陽板，並請您坐好，繫好安全帶。

本次航班為禁菸航班，在客艙和盥洗室內禁止抽菸。同時請您不要損壞盥洗室內的煙霧探測器。

祝您旅途愉快。謝謝！

（四）空服服務廣播詞

女士們、先生們：

本次航班已經離開臺北前往廈門，由大臺北至廈門的飛行距離是 859 公里，飛行時間 1 小時 10 分，飛行高度 7,800 公尺。

為了您旅途的舒適和愉快，我們為您準備了點心，同時還為您提供可樂、雪碧、礦泉水、咖啡、茶水等各種飲料。

本架飛機上共有 _____ 名空服員，如需要我們服務時，請儘管吩咐。

祝您旅途愉快。

謝謝！

///. 乘機常識 1 //

乘客乘坐飛機前應做哪些準備工作？

首先，選擇坐什麼樣的飛機。飛機有各種型別，可以透過航空公司、機票代售處和旅行社選擇喜歡的機種和航班，一般來說，機型越先進，乘坐時越舒適。在航班選擇上，如有可能，最好選擇白天的航班。當然，選擇是要有條件的，有的地方當天或幾天只有一次航班，就無法選擇，決定機票種類。可以選坐頭等艙、商務艙或經濟艙。頭等艙和商務艙座位寬大舒適，活動空間大，機上服務也更為周到，相應的票價也較高，是經濟艙的 130% ～ 150%。經濟艙條件雖稍差一點，但票價便宜，也能享受到空服員熱情的服務，而且安全係數並不與票價的高低成正比。第三，選擇座位也是很重要的，因為它與乘坐的舒適度有關。一般來說，機翼與機頭之間的座位穩定性要好一點。如果乘客擔心氣流引起的顛簸，那麼最好不要選擇機尾的座位。如果想有較大的空間活動腿腳，最好購買前幾排或靠近緊急出口的座位。如果喜歡活動，應選擇坐通道兩邊的座位，感到不舒適時可隨意站立或來回走動，而不至於影響別人。如果害怕高空飛行，最好不要訂購靠近舷窗的座位。相反，如果喜歡欣賞機外風光，又想隨時掌握航線情況，最好選坐窗旁。如果需要選擇座位，請您在換登機牌的時候向服務人員提出。最後，您應該根據距離機場的遠近確定出發時間，至少提前一小時到達機場。如果過早抵達，會因等待時間太長而心裡著急，去太晚了又可能過於倉促，手忙腳亂，甚至誤機。在機場等待登機時，可以買些小吃或報紙雜誌，供您在飛機上享受。

///. 乘機常識 2 //

空服人員為什麼在飛機起飛前做氧氣面罩的使用示範？

飛機在 4,268 公尺（14,000 英呎）以上的高度飛行時，要對座艙增

壓。如果萬一飛機座艙失壓，就會造成缺氧，乘客會因此而頭暈甚至失去知覺，乃至危及生命。下表列出了在不同的高度上發生座艙失密的情況下，人所能承受的缺氧時間：

飛行高度	承受時間
6,100 公尺（20,000 英呎）	10 分鐘
7,800 公尺（25,000 英呎）	2 分鐘
9,140 公尺（30,000 英呎）	30 秒
10,700 公尺（35,000 英呎）	20 秒
12,200 公尺（40,000 英呎）	15 秒
19,800 公尺（65,000 英呎）	12 秒

氧氣面罩是為旅客提供氧氣的應急救生裝置。在飛機座艙發生失密的情況下，氧氣罩會自動從艙頂吊落下來，旅客應該戴上氧氣罩，直至飛機下降到可以呼吸的安全高度以下時才能將它摘下。每個航班上都準備了足夠的氧氣面罩，即每位乘客都有配備，而且每排座位還多配裝一副備用面罩，以防意外。

三、涉外服務與禮儀規範

涉外禮儀是一門綜合性較強的行為科學，在國際交流中自始至終都應遵循一定的、約定俗成的原則、慣例、程序和方式，展現在客艙服務中它強調交流中的規範性、對象性、技巧性。一般來說，客艙涉外服務有三個基本要求：

（一）尊重為本

強調空服員要自尊自愛，既要遵守職業道德，又要尊重對方的禮儀風俗。如對女士不論年齡大小，要稱「小姐」，幫助老年人之前須詢問是否

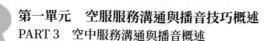

需要幫助以免引起不快等。

（二）善於表達

這裡有兩層含義：

第一，經常飛國際航線的空服人員要求熟練掌握英語、日語、韓語等常用的客艙口語和詞彙；

第二，強調三聲服務：即「來有迎聲，問有答聲，去有送聲」。其中問有答聲是對空服人員綜合素養的考核。如有的外賓在空服服務中喜歡問一些比較敏感的問題，如宗教、信仰、民族問題等，特別是對有辱人格、公司的問題，要做到不卑不亢，維護國家和公司形象。例如，某航班一乘客在聽完空服員對當地名勝的介紹後問道：「小姐，你們國家有這麼多名勝古蹟，為什麼年輕人還都急著出國？這是不是說明你們國家經濟不景氣啊？」空服員聽完後微微一笑：「先生，您的國家很富裕，您不遠萬里到我國來做買賣，是因為你們國家沒有誠信嗎？」正可謂「以子之矛，攻子之盾」，面對空服員的機智回答，這位乘客只好以哈哈大笑來掩飾自己的尷尬。

─［服務心得］

我的服務，您滿意嗎？

某城市有位年輕的割草工。一天他打電話給一位老太太問她是否需要一位割草工。老太太回答：「對不起，不需要。」割草工接著說：「我會把您家門前的雜草也清除乾淨的，您就請我吧！」老太太說：「對不起，我家的那位割草工就是那麼做的。」割草工仍不放棄：「我會把您家房前屋後的雜草全部清除乾淨，保證比您家裡的那位好。」但老太太還是肯定

地回答：「不！我家的那位割草工一直做得非常出色，我實在想不出有什麼理由可以辭退他。」

老太太怎麼也想不到這位打電話的其實就是她家裡請的那位割草工，他只是想透過另外一種方式了解自己的工作有沒有被別人認可。

每個人心中都有一把尺，我們會用這把尺去衡量別人，但常常忘記了用這把尺來衡量自己。作為服務行業的一員，我們每天接觸的乘客形形色色，要想得到每一位乘客的認可的確不容易，但重要的是要對每一位乘客以誠相待，用眼神、主動親切的問候和甜美自然的微笑去感動乘客。在航班中，乘客在閱讀報紙雜誌時，幫他打開閱讀燈；在旅客睡覺時，為他蓋上毛毯；看到臉色不好的乘客，關切地問候並主動遞上一杯溫開水。這些服務中的細節最能打動乘客的心。

相信，有一天我們也能像割草工那樣，自信大膽地面對乘客：我們的工作，您滿意嗎？

思考題

1. 怎樣看待「素養」，怎樣發揮自身的素養？

提示：素養是一個人的言談舉止、人格魅力的整體展現。要發揮自身的素養，首先要多學習，多累積文化知識，培養自己的公德心。習慣造就性格，當高素養成為一種習慣後，就自然而然地表現出來了。

2. 你怎樣理解與人溝通和學習能力？

提示：與人溝通就是要找到人與人思想上的共同點，之後在這一前提下，克服障礙達成共識；學習的能力是辯證地吸收正確知識或觀念的途徑，兩者相輔相成。

3. 談談航空服務品質與航空公司效益的關係？

提示：品質與效益是成正比的，如果一個航空公司的服務品質越高，那麼公司肯定受旅客歡迎，它的效益自然會好。

■ 小測試 1：你的語言表達能力如何？

下面共有 10 道題，在四個問答中選出最符合你實際狀況的一個，在後面的方框上畫上「√」。

1. 別人評價你的語言表達能力時：

(1) 都說你是個非常會說話的人。□

(2) 覺得還不錯。□

(3) 覺得跟你交流有點費力。□

(4) 跟你交談很容易發生爭吵和互不理解的情況。□

2. 當你在表達快樂或哀傷等情緒的時候，周圍的人：

(1) 容易被你的情緒所感染。□

(2) 或多或少會受到你的影響，而且影響的程度比較高。□

(3) 會受到你的影響，但受影響的程度很小。□

(4) 對你的表達沒感覺。□

3. 當你需要與人談話時，你會：

(1) 先想清楚談話的目標以及自己要怎麼說。□

(2) 大致想一下要說什麼話。□

(3) 想到什麼就說什麼。□

(4) 聊什麼說什麼。□

4. 當你被主管或公司指派上臺講話時，你會覺得：

   (1) 哇！一定要借這個機會好好表現一下。□

   (2) 無所謂，就是一個練習口才的機會而已。□

   (3) 糟糕，這次一定會出洋相。□

   (4) 找各種理由與藉口逃避，因為自己最怕上臺發言。□

5. 當你到一個陌生的社交場合時，你通常：

   (1) 主動與人搭話，並向他們做自我介紹。□

   (2) 在必要的時候，才和別人互相認識。□

   (3) 能避免交談就避免，別人與自己搭話時才會說話。□

   (4) 躲在角落裡，不想跟別人接觸。□

6. 每次在重要場合說話時，你都：

   (1) 表現得非常得體，十分清楚自己什麼時候要說什麼話。□

   (2) 應對得還不錯，不會出現什麼大的錯誤。□

   (3) 勉強上陣，錯誤較多。□

   (4) 常常手足無措，語無倫次，邏輯混亂，只想盡快結束交談。□

7. 當你就某件事或某個觀點需要說服別人時：

   (1) 別人總是很容易被你說服。□

   (2) 總需要花一番工夫，別人才會被你說服。□

   (3) 常常說服不了對方，而跟對方發生爭執。□

   (4) 常常不知不覺反被對方說服。□

8. 當你在不同的場合與人交流時：

   (1) 能根據場合找準自己的角色與人交流。□

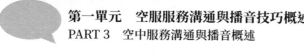

(2) 基本能按照不同的身分與人交流。□

(3) 常拿不準自己的角色。□

(4) 常忘掉自己是什麼角色，形如喝醉。□

9. 當你在和別人談話時，你總是：

(1) 能站在對方的角度想對方在想什麼，傾聽並分析對方話語。□

(2) 盡可能地注意對方，很專心地傾聽對方談話。□

(3) 常常沒有耐心傾聽對方意見，並打斷對方談話，或是常常無法專心。□

(4) 只顧自己說話，而忽略對方的感受。□

10. 對於談論你不熟悉的話題，你通常：

(1) 先聽聽別人怎麼說，然後很快地說出自己的看法。□

(2) 要過很久時間，才能漸漸抓到主題，發表一些看法。□

(3) 直到一定要你說話，你才發表意見。□

(4) 不發表任何意見，以免出醜。□

測試參考答案

選「1」為 10 分，其餘依次為 7、4、1 分。請將分數累計起來。

總分在 70 分以上，說明你的語言表達能力極佳，能從事任何與口才有關的工作，努力尋找能展示你專長的工作，你會大有前途。

總分在 60 ～ 70 分，語言表達能力較強，在多數場合不會怯場，但時好時壞，需要加以訓練才能上升到一個更高層次。

總分在 30 ～ 60 分，語言表達能力普通，平時聊聊天可以應付，一到重要場合便毫無自信，因此完全有訓練提升的必要。

總分低於 30 分，語言表達能力很差，要好好反省一下自身的問題，

查出原因，努力改善。

■ 小測試2：你在溝通中是否遵循了有效溝通的原則？

下面20個問題，透過自我評估後，可列為三等，即「優」、「可」、「差」，依次記分為5、3、1，最後統計一下你的得分。

1. 我與好友、家人形成一面堅實的愛之網，彼此尊重、照顧、提攜、共同成長。□
2. 我愛自己、尊重自己，同時能愛並尊重我最關心的人。□
3. 整體而言，我的親密關係圈中，施與受是平衡而公平的。
4. 我們經常溝通與我們真正有關的事，包括排遣日常生活中不愉快的氣氛。□
5. 在我的親密關係圈中，我通常是幽默的，不但會自嘲，還會和別人開開玩笑。□
6. 我與兩性朋友都能維持親密而有意義的關係。□
7. 我尊重親人與我的差異，並接受已不可能同化對方的事實。□
8. 我們經常坦誠地討論彼此的爭議，而不會任其擴大或發生摩擦而不去化解。□
9. 我常常能從親密關係中，從衝突、痛苦和錯誤中汲取教訓。□
10. 我在這些關係中，給予寬恕、欣賞、溫暖、支持和建設性的批評。□
11. 我會以誠實但不具備攻擊的態度，去要求我所需要的，提出我所相信的。□
12. 我能向我最親近的人表達真正的感覺，並坦誠地討論我的問題。□
13. 我不會犧牲自己的親密關係以取悅別人，或以虛偽、操控的方式討人喜歡或求得安心。□

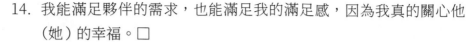
14. 我能滿足夥伴的需求，也能滿足我的滿足感，因為我真的關心他（她）的幸福。□

15. 我肯定夥伴的成功、成就與力量，並與之共榮辱，對方對我也是這樣。□

16. 我們喜歡參與使我們有歸屬感又有意義的團體與組織。□

17. 我給予，同時獲得足夠的身體接觸與擁抱。□

18. 我不僅珍視老朋友，也喜歡結交新朋友。□

19. 我們的親密關係因相同的信仰與價值觀而加強。□

20. 我們曾一起努力促進提升社區或世界的生活品質。□

　　如果你的得分在 80 分以上，說明你在遵循溝通原則方面是優秀的；60 分以上則次之；若在 60 分以下，那你就應該改正過去溝通存在的問題。希望你在不久的將來，在以上所列的 20 條後都選「優」，這樣溝通高手便非你莫屬了。

第二單元
客艙服務語言基礎與訓練

本章導讀

　　對空服員來說，語言的標準、規範和得體是客艙溝通和播音必不可少的基本技能。因此，學習和掌握國語的基本知識和技巧，在提升空服員綜合素養的同時，有助於規範民航服務管理，更好地提升民航服務業的國際競爭力。

客艙語言基本技巧

　　相聲中有這樣一個例子，一位鄉音很重的廣東老人登機後問坐在靠窗的乘客：「喂，你是不是最美（末）啊？」就在該乘客不知所云，一臉茫然時，那老人又說：「你是最美（末）的話，我就愛（挨）你啦。」經解釋後才明白，原來這都是方言惹的禍。可見，不會說國語，會極大地影響人際交流和情感、資訊的溝通。

　　我們知道，說話是人的基本技能之一，更是一種極為重要的人類活動。據國外資料統計，人每天用於說話的時間平均是 1 小時，而服務行業的語言使用頻率更是超過了 1 小時。如，從登機口的鞠躬微笑問候到客艙內安全示範、巡視客艙、送餐、溝通、播音都需要空服員說話，單是送餐和送飲料這一項，「請問您想喝點（吃點）什麼？」這句話就要問上 100 多遍，而且整個航程也許只有飛機上升的 3 分鐘和降落的 8 分鐘空服員是可以安靜地坐在位置上的（這還得是飛機正常起飛與降落的情況下）。一旦遇到飛機延誤、因天氣原因不能降落等不利因素，面對顧客的不滿、質問，需要用語言溝通的時間會更長。所以，掌握客艙服務的語言基本技巧非常關鍵。

一、客艙語言基本技巧

（一）空服員必須能夠說一口流利的國語

　　一般來說，在通常對話環境下，說話人的音色、音量和音域如何關係不是很大，但身為代表國家、民族和公司形象的客艙服務人員，發音咬字卻是溝通中至關重要的問題，面對國內外乘客，你首先必須把國語說得很標準。蘇聯藝術語言大師阿克肖諾夫說：「咬字不好，不清楚，就像是按鍵壞了的破鋼琴似的，簡直叫人討厭。」所以，我們應該注意克服發音咬字方面的不良習慣，如鼻音（從鼻中發出的堵塞的聲音，聽起來像感冒聲，

音色暗淡、枯澀）、喉音（聲音悶在喉嚨裡，生硬、沉重、彈性差）、捏擠音（擠壓聲帶、口腔開度小而發出的聲音，音色單薄、發扁）、虛聲（氣多聲少的聲音，有時在換氣時帶有一種明顯的呼氣聲）等。只有這樣，才能做到發音圓潤動聽，咬字清晰悅耳。

（二）學會使用柔性語言

語氣親切、語調柔和、措辭委婉、說理自然，常用商討的口吻與人說話，這樣的語言使人感到愉悅親切，有較強的征服力，往往能達到以柔克剛的交流效果。同樣的話可以有不同的說法：比如暫時回答不出的問題，你可以說「很抱歉，我不是十分清楚，我馬上幫您查詢一下」，而不要說「這個問題我不知道」。一般情況下，用肯定的語氣說話比用否定的語氣說話會使人感到柔和、親切一點。在稱呼上稱謂要恰當，如華人有敬老的習俗，稱呼上了歲數的人為「老太太」、「老爺爺」，而對西方老年客人，則要避免使用「老」字，不要用「old lady」。

━ 案例 ━

某空服組執勤航班。飛機起飛後不久，一位乘客焦急的神情引起了空服員的注意。原來他有一張八千餘元的兌換券，第二天就到期了。可他出門的時候卻忘了把它留在家裡，當時不知該怎麼辦才好。看到乘客焦急的神情，空服員說：「您不用擔心，請將兌換券交給我吧，今天一定能交到您家人手中。」

空服員給他看了證件並留下聯繫方式，同時記下他家的地址並一再請他放心。完成飛行任務回到家已經是晚上9點了，空服員到市區下了班車，就搭車直奔乘客家。當乘客的妻子打開門看見急匆匆的空服員時，一臉驚訝和感激。她說：「下午接到丈夫的電話了，不過我根本就不

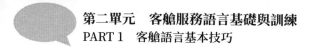

信你能連夜送過來。」說著就拿出 2,000 元要感謝該空服員，被空服員婉言謝絕。

(三) 語言幽默，不卑不亢

客艙服務中難免遇到一些正面很難解釋的事情，空服員不妨以幽默化解。

── 案例 ──

某空服組執勤的航班。由於處理機械故障需要等待機務人員送零件，飛機延誤長達 11 個小時。起初，由於航空公司沒有料到情況會這麼嚴重，所以已經讓旅客登機了。而後，旅客幾乎所有的時間都在飛機上度過，空服組想盡各種辦法緩解旅客的情緒──餐點發完了，飲料發完了，甚至報紙也送完了，可是飛機還在延誤，旅客們的怨氣越來越重。

這時，一位旅客對座艙長大喊：「你能不能把飛機上的電視弄出來？」座艙長知道飛機上的影音設備已經不能使用了，但如果回答「飛機陳舊，影音設備已經不能使用了」，一定會給旅客增加不必要的擔心。她靈機一動，對旅客說：「先生，看電視有什麼意思啊？剛才空服員不是為您表演『真人秀』了嗎？又是氧氣面罩，又是救生衣的……這樣吧，天也黑了，我等一下讓空服員把客艙燈關了，巡視的時候舞動起來，替大家表演個『皮影戲』，怎麼樣？」聽了這話，這位旅客哈哈大笑，說了一句：「謝謝啦！」座艙長緊接了一句：「緣分啊！」之後，客艙的氣氛逐漸融洽起來，旅客們紛紛讓空服員也休息會兒，聊聊天。

(四) 能夠用流利的外語進行交流

空服員要能夠用簡單的英語、日語甚至手語與乘客進行交流。

與外國乘客或聾啞乘客打交道時，如果你能用流利的外語或手語與他們進行交流，旅途的溝通就會順利得多。

下面是一些常用的客艙服務英語單句：

1.Before Takeoff 起飛前

◀ The flight has been delayed because of the bad weather.

由於天氣惡劣，所以航班才延誤了。

◀ We can't take off because the airport is closed due to poor visibility.

由於能見度低，機場關閉，我們不能起飛。

◀ You know the weather in Hong Kong is not so good. It has been delayed.

你知道，香港的天氣不太好，飛機延誤了。

◀ Morning, madam (sir). Welcome aboard！

早安，女士（先生）。歡迎登機！

◀ May I introduce myself? I'm_____, the chief purser of this flight.

請允許我自我介紹。我叫 _____，本次航班的座艙長。

◀ Morning, sir. Welcome aboard. Business class or economy？

早上好，先生。歡迎登機。商務艙還是經濟艙？

◀ Follow me, please. Your seat is in the middle of the cabin.

請跟我來，您的座位在客艙中部。

◀ An aisle seat on the left side. Here you are, sir.

是左邊靠通道的座位。就在這兒，先生。

◀ I'm afraid you are in the wrong seat. 20C is just two rows behind across the aisle.

恐怕您坐錯位子了，20C 在另一通道那邊再往後兩排。

◀ Excuse me for a second, I'll check.

請稍等一下，我查查看。

◀ The plane is about to take off. Please don't walk about in the cabin.

飛機馬上要起飛了，請不要在客艙內走動。

◀ Air China Flight CA937leaves at 07:30in the morning.

中國國際航空公司 CA937 航班，上午 7:30 起飛。

◀ Flight CA926, leaving Tokyo at 17:40, flies nonstop back to Beijing.

CA926 航班 17:40 離開東京，直飛北京。

◀ You're flying economy class. Is that right ?

您是坐經濟艙，對嗎？

2.In-flight 飛行中

◀ Would you like to read newspapers or magazines?

您想看報紙或雜誌嗎？

◀ Would you like to drink anything ?

您想喝點什麼嗎？

◀ Here is today's menu. What would you like to have？

這是今天的菜單，您想吃些什麼？

◀ Thank you for waiting, sir. Here you are. Anything more？

先生，讓您久等了。這是您的餐點。您還需要什麼嗎？

◀ Would you like some dessert？

要不要來點甜食？

◀ May I clear up your table now？

我現在可以把您桌上的東西收走嗎？

◀ Are you going to study there or just for sightseeing？

您是去留學還是去旅遊？

◀ Our plane is bumping hard. Please keep your seat belt fastened.

我們的飛機目前比較顛簸，請繫好安全帶。

3.Emergency Situation 緊急情況

◀ Fasten your seat belts immediately. The plane will make an emergency landing because of the sudden breakdown of an engine.

請馬上繫好安全帶。由於飛機引擎出現故障，我們將做緊急迫降。

◀ Don't panic!

不要驚慌。

◀ Our captain has confidence to land safely. All the crew members of this flight are well-trained for this kind of situation. So please obey instructions from us.

我們的機長完全有信心安全著陸。我們所有的機組人員在這方面都受過良好的訓練，請聽從我們的指揮。

◀ Take out the life vest under your seat and put it on!

從座椅下拿出救生衣穿上！

◀ Don't inflate the life vest in the cabin, and as soon as you leave the aircraft, inflate it by pulling down the red tab.

請不要在客艙內將救生衣充氣！一旦離開飛機立即拉下小紅頭充氣。

◀ Put the mask over your face!

戴上氧氣面罩！

◀ Bend your head between your knees!

把頭彎下來放在兩膝之間！

◀ Bend down and grab your ankles.

彎下身來，抓住腳踝。

◀ Get the extinguisher.

拿滅火器來！

◀ Open seat belts. Leave everything behind and come this way !

解開安全帶，別拿行李，朝這邊走！

◄ This plane has eight emergency exits. Please locate the exit nearest to you.

本架飛機有八個安全門，請找到離你最近的那個門。

◄ Jump and slide down！

跳，然後滑下來！

二、客艙語言基礎訓練內容及注意事項

（一）客艙語言基礎訓練內容

1. **發音器官訓練**。如口腔開合練習、唇的圓展練習、舌的前伸後縮練習、舌尖練習等，學會靈活控制發音器官的各種活動，能使發出的聲音準確、清晰。
2. **聲母、韻母練習**。做聲母訓練時要嚴格掌握正確的發音部位和發音方法，找準著力點，使發出的音有彈力；做韻母訓練時要嚴格控制口腔的開合、唇形的圓展和舌位的前後。
3. **正音練習**。指按照國語的語音標準，矯正自己的口音、難點音，如平翹舌練習，鼻音、邊音練習，前後鼻韻母及聲調練習等。
4. 在聲母、韻母、聲調都能正確掌握的基礎上，進行共鳴訓練，學會控制胸、口、鼻這三個共鳴器官的方法，使發出的聲音圓潤悅耳，有如「大珠小珠落玉盤」，使人聽後心曠神怡。

（二）學習客艙語言基礎的注意事項

學說國語，做到標準規範、悅耳動聽，絕不是一件容易的事情。為

此，就必須注意以下幾點：

1. 樹立信心，持之以恆

掌握國語需要一個過程，不能急於求成，而必須按照一定的規律踏踏實實地學習，長期堅持不懈。只要能從思想上重視，掌握正確的學習方法，並堅持練習，我們的國語水準就會不斷進步。

2. 重視語音知識的學習

語言是由語音、詞彙、語法三個要素組成的。漢語方言與國語之間的差異突出表現在語音方面，學習國語，提升口語表達技能的重點、難點就是語音問題，所以，要重視語音知識的學習。掌握了語音知識，就能知道每個音、每個字的正確發音到底是怎樣的，音與音、字與字之間的發音差別是什麼，從而提升辨別和判斷語音的能力。

3. 多聽多說

練習語音最基本的方法是聽和說。聽，是人們認識聲音的唯一途徑，是學好語音的重要前提和基礎，是提升聽辨能力的好辦法。多聽是指要經常聽電臺、電視臺的播音員和節目主持人的發音，經常注意聽身邊國語標準的人的發音並虛心學習。多說是指經常開展「說」的活動。要注意在聽說中去感受、思考、比較，針對自己方言的特點，重點加強某些環節的訓練。

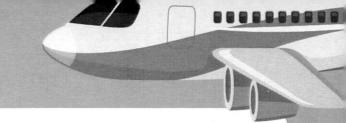

PART 2 語言基礎發音訓練

　　音節是語音中最小的結構單位，國語的音節一般由聲母、韻母、聲調三部分組成。一般來說，一個漢字的讀音就是一個音節，它由 1 至 4 個音素組成。

一、聲母發音訓練

　　聲母，指音節開頭的輔音。國語有 22 個聲母，其中 21 個由輔音組成，此外還包括一個零聲母。21 個輔音為ㄅ、ㄆ、ㄇ、ㄈ、ㄉ、ㄊ、ㄋ、ㄌ、ㄍ、ㄎ、ㄏ、ㄐ、ㄑ、ㄒ、ㄓ、ㄔ、ㄕ、ㄖ、ㄗ、ㄘ、ㄙ。例如，在「ㄨㄣˊ」（文）這個音節裡，輔音ㄨ就是它的聲母。零聲母是指有的音節不以輔音開頭，而以元音開頭，那麼這個音節就沒有聲母，我們把它叫做「零聲母」。例如，「ㄞˋ」（愛）開頭沒有輔音，就是零聲母音節。

　　國語的聲母按照發音部位可以分為七類：第一，雙唇音 3 個（ㄅ、ㄆ、ㄇ）；第二，唇齒音 1 個（ㄈ）；第三，舌尖前音 3 個（ㄗ、ㄘ、ㄙ）；第四，舌尖中音 4 個（ㄉ、ㄊ、ㄋ、ㄌ）；第五，舌尖後音 4 個（ㄓ、ㄔ、ㄕ、ㄖ）；第六，舌面音 3 個（ㄐ、ㄑ、ㄒ）；第七，舌根音 3 個（ㄍ、ㄎ、ㄏ）。

（一）分清ㄓ、ㄔ、ㄕ和ㄗ、ㄘ、ㄙ，ㄐ、ㄑ、ㄒ

　　要點提示：ㄓ、ㄔ、ㄕ和ㄗ、ㄘ、ㄙ發音雖有共同之處，即發音部位都是舌尖，但不同的是舌尖接觸點的位置不同。ㄗ、ㄘ、ㄙ屬於平舌音，舌尖的接觸點是上齒背；ㄓ、ㄔ、ㄕ屬於翹舌音，舌尖的接觸點是硬顎前部。因此發ㄓ、ㄔ、ㄕ時舌尖一定要「翹」起來。ㄓ、ㄔ、ㄕ與ㄐ、ㄑ、ㄒ發音時也有共同之處，都是以硬顎為舌頭的接觸點，但不同的是ㄓ、ㄔ、ㄕ用的是舌尖，ㄐ、ㄑ、ㄒ用的是舌面。

1. 聽辨

雜 摘 頗 策 徹 柴 轉 擦 掐 桑 從 重 窮 瘟 拽
剎 穗 鑿 捐 脆 攝 盅 咱 件 敲 蒸 遮 炊 操 翠
趁 岑 琴 澀 宰 稠 求 竄 醇 咨 怎 篩 賽 韶 磁
租 茶 稅 醉 釋 翅 斯 氣 諄 涮 勸 縱 幢 蜑 腮
散 森 梳 冊 墜 蟑 僵 奢 蹤 揍 肘 瘦 秀 讒 滋

2. 發音

2.1 單音節對比練習

贊—站—劍　早—找—攬　怎—診—緊　擦—插—掐　操—超—鍬
竄—串—券　掃—少—小　瑟—射—謝　僧—升—興

2.2 雙音節對比練習

🗨 ㄓ—ㄗ、ㄐ

張嘴　振作　賑災　正在　知足　職責　治罪　直接　逐漸　證據
致敬　照舊　召集　追求

🗨 ㄗ、ㄐ—ㄓ

雜誌　栽種　增長　資助　自治　自主　總帳　集中　緊張　局長
糾正　禁止　君主　機智

🗨 ㄔ—ㄘ、ㄑ

長辭　場次　車次　陳醋　成材　衝刺　長期　澄清　唱腔　出去
城牆　插曲　超群

💬 ㄘ、ㄑ－ㄔ

採茶　殘喘　操場　操持　草創　磁場　清楚　前程　起床　清晨
球場　齊唱　全程

💬 ㄕ－ㄙ、ㄒ

上司　上溯　上訴　哨所　深邃　申訴　神色　實現　首先　設想
事項　上旬　深信　神像

💬 ㄙ、ㄒ－ㄕ

喪失　掃射　掃視　私事　死守　四聲　訴說　形式　顯示　吸收
消失　銷售　喜事　下屬

2.3 混合練習

戰時——暫時　摘花——栽花　推遲——推齊　札記——雜記
照舊——造就　桑葉——香葉　重來——從來　志願——自願
近視——近似　主力——阻力　支柱——機杼　魚翅——魚刺
春裝——村莊　大志——大計

2.4 繞口令練習

剛往牆上糊字紙，你就隔著窗戶撕字紙。一次撕下橫字紙，一次撕下
豎字紙，橫豎撕了四十四張溼字紙。字紙溼了你撕字紙，字紙不溼，
你就不要隨意撕字紙。

知道不是雞道，遲到不是騎到。有事不是有戲，生病不是心病。知道
不能遲到，以後別遲到。

（二）分清ㄋ和ㄌ

要點提示：ㄋ和ㄌ的發音有相同之處，發音部位都是舌尖中音，但不同的是發ㄋ時軟顎必須下降，完全封閉口腔，讓氣流全部從鼻腔出來；而發ㄌ時軟顎必須上升，完全封閉鼻腔，讓氣流透過舌的兩側從口腔出來。初學者練習這兩個音時可以捏住鼻子區別一下，發ㄋ時應該感覺有困難，而發ㄌ時則感覺不到困難。

1. 聽辨

碾　淚　餒　柳　妞　攬　曩　聶　怒　路　巒　裡　落　肋　例
南　力　亂　暖　奴　難　榴　扭　溺　拗　戀　郎　鳥　擰　領
農　虐　略　論　輪　嫩　捏　列　樂　獵　撈　鬧　納　努　乃
賴　牛　泥　料　挪　羅　良　攞　烈　孽　罈　浪　膿　釀　男
呂　攔　腦　旅

2. 發音

2.1 單音節對比練習

念——戀　耐——賴　內——類　腦——老　男——藍　農——龍
懦——落　孽——獵　牛——流　能——稜　努——虜　虐——略
囊——郎　釀——亮　鳥——了　擰——領

2.2 雙音節對比練習

🔊 ㄋ—ㄌ

納涼　哪裡　腦力　內力　尼龍　能量
逆流　凝鍊　暖流　年輪　年齡　奶酪

🗨 ㄌ—ㄋ

林農　爛泥　留念　連年　歷年　落難　冷暖　流腦　老年

2.3 混合練習

女客──旅客　河南──荷蘭　年代──連帶　逆行──厲行
爛泥──爛梨　農人──龍人　凝脂──靈芝　牛年──流年
扭轉──流轉

2.4 繞口令練習

老龍惱怒鬧老農，老農惱怒鬧老龍，農怒龍惱農更怒，龍惱農怒龍怕農。

牛郎戀劉娘，劉娘念牛郎。牛郎年年戀劉娘，劉娘連連念牛郎，郎念娘來娘戀郎。

（三）分清ㄈ和ㄏ

　　要點提示：唇齒音ㄈ和舌根音ㄏ發音方法上有共同之處，都是擦音，即發音部位都未形成完全阻塞，而是留一點縫隙，讓氣流摩擦成音；但發音部位上ㄈ是唇齒，ㄏ是舌根與軟顎，兩者截然不同。

1. 聽辨

乏　或　反　混　飯　副　風　佛　發　喊　活　昏　會　慌　幅
封　否　話　罰　喚　含　黑　非　婚　分　放　豐　凡　富　湖
懷　法　貨　沸　漢　番　戶　緩　伐　帆　獲　揮　魂　謊　泛
負　夥　奮　餛　福　禍　寒　閥　幻　馮　浮　晃　葷　飛
輝　費

2. 發音

2.1 單音節對比練習

分——昏　閥——滑　飛——灰　浮——湖　反——緩
否——吼　廢——匯　夫——呼　府——虎　發——花
肥——回　翻——歡　凡——環

2.2 雙音節對比練習

🎤 ㄈ—ㄏ

返航　廢話　分化　粉紅　繁華　發昏
復活　發揮　伏虎　符號　焚毀　浮幻

🎤 ㄏ—ㄈ

活佛　揮發　劃分　化肥　紅粉　合肥　畫幅　混紡　回訪　恢
復　海防

2.3 混合練習

發生——花生　方圓——荒原　芳草——荒草
起飛——起灰　洪湖——洪福　吩咐——分戶
印發——印花　花費——花卉　不凡——不還

2.4 繞口令練習

會糊我的粉紅活佛，來糊我的粉紅活佛，不會糊我的粉紅活佛，不要
胡糊、亂糊，糊壞了我的粉紅活佛。
黑肥混灰肥，灰肥混黑肥。黑肥混灰肥，黑肥黑又灰。灰肥混黑肥，

灰肥灰又黑。黑肥混灰肥，肥比灰肥黑。灰肥混黑肥，肥比黑肥灰。

（四）分清ㄐ、ㄑ、ㄒ和ㄗ、ㄘ、ㄙ

　　要點提示：ㄐ、ㄑ、ㄒ和ㄗ、ㄘ、ㄙ的發音部位、發音方法比較接近，是國語語音學習的一個難點。ㄐ、ㄑ、ㄒ正確的發音應該是舌面前部隆起，並靠近硬顎最前端，對氣流形成阻塞。此時的舌尖應該埋在下齒背，別讓它在發音時發揮作用。

1. 聽辨

雞　紫　記　寄　姿　計　資　滋　紀　季　擠　際　姐　基　肌
梓　饑　繼　齊　器　氣　汽　次　啟　刺　棄　企　契　西　四
絲　洗　細　戲　系　喜　期　私　撕　思　稀　肆　嬉　犀　自
字　忌　徙　棲　既　似　齊　飼　溪　杞

2. 發音

2.1 單音節對比練習

幾——子　肌——滋　麂——籽　器——次　希——司　稽——姿
計——自　起——此　齊——詞　西——絲　積——資　將——髒
搶——倉　修——艘

2.2 雙音節對比練習

🔊 ㄐ、ㄑ、ㄒ—ㄗ、ㄘ、ㄙ

下策　蓆子　其次　繫辭　緝私　習字　袖子　集資　妻子　心思

💬 ㄗ、ㄘ、ㄙ―ㄐ、ㄑ、ㄒ

資金　私心　思想　思緒　瓷器　自覺　四季　自己　賜教

2.3 混合練習

雄雞——雄姿　基本——資本　太擠——太紫　有氣——有刺
西方——私方　大戲——大肆　氣數——次數

2.4 繞口令練習

紫茄子，茄子紫，紫茄子結子，紫皮不紫子；茄子紫結子，皮紫子也
紫。有紫皮不紫子的紫茄子，就有皮紫子也紫的茄子紫。
錫匠的妻子自己做錫，漆匠的妻子自家做漆。錫匠的妻子心中有氣，
漆匠的妻子話中有刺。你刺來我氣去，你氣來我刺去，彼此相互瞧
不起。

（五）分清ㄖ和ㄌ、一、ㄋ

要點提示：ㄖ和ㄓ、ㄔ、ㄕ一樣，都是舌尖後音。但ㄓ、ㄔ、ㄕ發音
時舌尖與硬顎對氣流形成了完全阻塞，而ㄖ發音時舌尖與硬顎對氣流未形
成完全阻塞，而且聲帶是顫動的，是濁音。ㄓ、ㄔ、ㄕ發音時聲帶是不顫
動的，是清音。相比之下ㄕ的發音與ㄖ相近些，因為ㄕ排阻時與ㄖ相同，
氣流是透過一條縫隙摩擦而出的，所以只要在發ㄕ音的位置和方法上，顫
動聲帶就成ㄖ音了。

1. 聽辨

日　藝　肉　染　藍　難　眼　肉　幼　遠　暖　亂　如　路　冷
能　容　榮　熱　了　樂　仍　蕊　繞　烙　鬧　要　然　冉　懶

讓　浪　樣　任　忍　融　儒　躁　冗　龍　傭　汝　奴　弱　潤
論　有　樓　漏　入　褥　陸　壤　朗　養　隆　濃　言　欄　惹
銳　韌　印

2. 發音

2.1 單音節對比練習

染──攬──演──赧　瓤──郎──洋──囊　熱──樂──
業──聶

繞──烙──藥──鬧　容──龍──頤──農　軟──卵──
遠──暖

2.2 雙音節對比練習

🔊 囗 ── ㄌ、一、ㄋ

乳酪　日益　忍耐　熱烈　任意　柔嫩　燃料　顯眼
肉牛　人力　日夜　容量　肉眼

🔊 ㄌ、一、ㄋ ── 囗

例如　內容　依然　利潤　懦弱　猶如　連任　納入
炎熱　獵人　怒容　儀容　煉乳　印染

2.3 混合練習

褥子──路子　繞道──要道　入目──怒目　肉眼──右眼
染色──眼色　猶如──油爐　躍然──越南　出入──出路
熱天──樂天　肉凍──漏洞　入骨──露骨　輕柔──清油

燃料——顏料

2.4 繞口令練習

姚然和饒南，二人學印染。姚然印尼龍，饒南染呢絨。姚然偷懶不願幹，饒南熔爐勇冶煉。

老尤買肉繞遠路，小劉提油晒被縟。肉油不對老尤的路子，漏油染了小劉的褲子。

(六) 分清ㄅ、ㄉ、ㄍ、ㄐ、ㄗ、ㄓ和ㄆ、ㄊ、ㄎ、ㄑ、ㄘ、ㄔ

要點提示：根據發音方法中氣流的強弱，國語聲母有不送氣和送氣之分。ㄅ、ㄉ、ㄍ和ㄐ、ㄗ、ㄓ是不送氣的塞音和塞擦音，ㄆ、ㄊ、ㄎ和ㄑ、ㄘ、ㄔ是送氣的塞音和塞擦音。所謂送氣音一靠持阻時蓄足氣流，二靠排阻時打開聲門，並伴有些微摩擦。部分方言區的人發送氣音有困難，或將不送氣音與送氣音相混淆。

1. 聽辨

蒸　汽　斑　病　平　常　昨　天　被　迫　機　器　政　策　出
租　汽　車　當　添　臺　半　邊　填　態　度　存　在　常　脹
站　雜　親　進　甜　地　頭　群　才　產　客　觀　當　點　臺
誠　懇　管　擴　大　智　體　器　擺　歸

2. 發音

2.1 單音節對比練習

地——替　加——掐　找——吵　贊——燦　搞——烤

尖——牽　豬——出　栽——猜　抱——炮　搭——塌
鼓——苦　句——趣　聞——查　鄒——周

2.2 雙音節對比練習

🗨 ㄅ、ㄆ、ㄍ、ㄐ、ㄓ、ㄗ—ㄆ、ㄊ、ㄎ、ㄑ、ㄔ、ㄘ

被迫　打聽　概括　堅強　主持　再次　偵察
電臺　顧客　技巧　專長
總裁　座次

🗨 ㄆ、ㄊ、ㄎ、ㄑ、ㄔ、ㄘ—ㄅ、ㄆ、ㄍ、ㄐ、ㄓ、ㄗ

判斷　態度　客觀　請教　存在　旁邊　停頓　考古　秋季
車站　操作

2.3 混合練習

肚子——兔子　找菜——炒菜　掰手——拍手　摔跤——摔鍬
波上——坡上　浦東——普通　淡化——碳化　不知——不吃
把手——扒手　金字——親自　講話——搶話　監製——牽制

2.4 繞口令練習

盆瓶碰冰棒，冰棒碰盆瓶。碰盆盆不怕，碰瓶瓶必崩。
大陶打大盜，大盜投短刀。叮噹短刀掉，大盜調頭逃。
哥挎瓜筐過，瓜筐滾寬溝。隔溝看瓜筐，瓜滾哥怪溝。
金秦請親戚，經濟極拮据。急切去借錢，雞酒全聚齊。
朱家有株竹，竹筍初長出。常鋤筍來煮，鋤完不再出。
早晨早早起，早起做早操。人人做早操，做操身體好。

二、韻母發音訓練

韻母主要由元音構成，國語注音中的韻母共有 13 個，即：ㄚ、ㄛ、ㄜ、ㄝ、ㄞ、ㄟ、ㄠ、ㄡ、ㄢ、ㄣ、ㄤ、ㄥ、ㄦ。可再搭配介音ㄧ、ㄨ、ㄩ組成ㄧㄚ、ㄧㄛ、ㄧㄝ、ㄧㄞ、ㄧㄠ、ㄧㄡ、ㄧㄢ、ㄧㄣ、ㄧㄤ、ㄧㄥ、ㄨㄚ、ㄨㄛ、ㄨㄞ、ㄨㄢ、ㄨㄣ、ㄨㄤ、ㄨㄥ、ㄩㄝ、ㄩㄢ、ㄩㄣ、ㄩㄥ。

韻母按結構可分單韻母、複韻母和鼻韻母三類，韻母發音訓練如下。

（一）分清前後鼻韻母

要點提示：前後鼻音最難區別的是ㄧㄣ和ㄧㄥ、ㄣ和ㄥ。

1. 聽辨

神 井 橫 本 盛 行 心 神 怎 兵 等 竟 聲 風 很
競 肯 坑 請 並 賓 順 新 興 擔 當 增 民 命 喊
行 奉 送 用 頂 鄧 精 辛 返 防 橫 音 問 營 冷
清 雙 唇 沖 淡 聖 另 愣 浪 藍

2. 發音

2.1 單音節對比練習

森——僧 根——耕 賓——兵 人——仍 線——相 反——紡
問——甕 尖——江 瀕——冰 噴——烹 民——名 門——盟
枕——整 信——幸 分——風 音——英

2.2 雙音節對比練習

🔊 ㄣ、ㄢ—ㄥ

新興　真正　臨刑　進行　盡興　神聖　晨星

運用　戰場　端莊　肝臟　反方　豔陽　堅強

🔊 ㄥ、ㄤ—ㄣ

迎賓　靈敏　領巾　登門　稱臣　揚言　帳單　防範　壯觀

搶險　藏藍

2.3 混合練習

人民——人名　輕身——輕聲　清真——清蒸　陳舊——成就

彈琴——談情　信服——幸福　親近——清淨　木盆——木棚

新年——新娘　餘溫——漁翁

2.4 繞口令練習

生身親母親，謹請您就寢，請您心寧靜，身心挺要緊。新星伴月明，
銀光澄清清，盡是清靜境，警鈴不要驚。您醒我進來，進來敬母親。
老翁捧著一個盆，路過老溫幹活兒的棚，老溫的棚碰了老翁的盆，棚
倒盆碎棚砸盆，盆碎棚倒盆撞棚。老翁要賠老溫的棚，老溫要賠老翁
的盆，老溫陪著老翁去買盆，老翁陪著老溫來修棚。

（二）分清寬窄複韻母、鼻韻母

　　要點提示：國語複韻母和鼻韻母中的主要韻母舌位高低不同，形成了
寬窄對比關係。舌位低，開口度大，則寬；舌位高，開口度小，則窄。國
語中有這一明顯對比關係的複韻母和鼻韻母有 11 對。它是：ㄞ（ㄨㄞ）—

ㄟ（ㄨㄟ）、ㄠ（一ㄠ）—ㄡ（一ㄡ）、一ㄚ—一ㄝ、ㄨㄚ—ㄨㄛ、
ㄢ—ㄣ、一ㄢ—一ㄣ、ㄨㄢ—ㄨㄣ、ㄩㄢ—ㄩㄣ、ㄤ—ㄥ、一ㄤ—
一ㄥ、ㄨㄤ—ㄨㄥ。

1.聽辨

帶 得 給 類 快 到 夠 潦 六 高 家 爹 列 恰 寫
話 抓 說 捉 奪 怎 林 見 近 縣 噸 栓 專 諄 省
剛 燈 兩 領 將 定 甕 改 來 擂 非 叫 找 久 挖
縮 燦 腎 牽 親 船 唇 剛 登 想 醒 雙 翁 弓

2.發音

2.1 單音節對比

改—給 怪—貴 好—吼 銷—修 洽—怯 蟬—沉
連—林 管—滾 全—群 廊—棱 將—淨 汪—翁
光—功 團—屯 早—走 埋—煤 高—溝 婉—穩

2.2 雙音節對比練習

🔊 ㄞ（ㄨㄞ）、ㄠ（一ㄠ）、一ㄚ、ㄨㄚ—ㄟ（ㄨㄟ）、ㄡ（一ㄡ）、
一ㄝ、ㄨㄛ

外圍　老樓　嬌羞　嫁接　花朵　排隊　快回
到頭　郊遊　蝦蟹　瓜果　帶隊　造就

🔊 ㄟ（ㄨㄟ）、ㄡ（一ㄡ）、一ㄝ、ㄨㄛ—ㄞ（ㄨㄞ）、ㄠ（一ㄠ）、
一ㄚ、ㄨㄚ

內在　鬼怪　柔道　修錶　腋下　說話　悲哀

手套　油條　接洽　坐化　構造

🗨 ㄢˋ　ㄧㄢˋ　ㄨㄢˋ　ㄩㄢˋ　ㄤ、ㄧㄤ、ㄨㄤ—ㄅˋ、ㄧㄣˋ、ㄨㄣˋ、ㄩ
　　ㄣˋ、ㄥˋ、ㄧㄥ、ㄨㄥ

安分　淺近　還魂　眩暈　章程　響應　礦工
版本　菸癮　傳聞　援軍　長城　鄉情　雙龍

🗨 ㄅˋ、ㄧㄣˋ、ㄨㄣˋ、ㄩㄣˋ、ㄥˋ、ㄧㄥ、ㄨㄥ—ㄢˋ、ㄧㄢˋ、ㄨㄢˋ、ㄩ
　　ㄢˋ、ㄤ、ㄧㄤ、ㄨㄤ

伸展　謹嚴　論斷　軍犬　正常　營養　分擔　心眼　混亂　捧
場　影像

2.3 混合練習

分派——分配　不怪——不貴　桃子——頭子　治療——滯留
夾生——接生　華人——活人　驗色——印色　轉點——準點
姻緣——烏雲　長度——程度　降價——鏡架　目光——目空

2.4 繞口令練習

大妹賣小麥，小妹買小麥。小妹嫌太貴，大妹不見怪。
小邱走小橋，小手摟小球。小橋搖又搖，小球掉小溝。
小謝趕鴨子，小夏摘椰子。椰子壓了鴨子，鴨子吃了椰子。
小鍋不是小瓜，小說不是小刷。刷鍋不能說成刷瓜，說鍋不能說成
說瓜。
長城寬，長城長，長城頂上真清涼。登長城，長城登，登上長城心
明亮。

（三）分清展唇、圓唇韻母

要點提示：根據唇形的不同，國語ㄜ和ㄛ（ㄨㄛ）、ㄧ和ㄨ、ㄧㄝ和ㄩㄝ、ㄧㄢ和ㄩㄢ、ㄧㄣ和ㄩㄣ有圓展（不圓）之分。以上五對，前者展，後者圓，形成了對比關係。

1. 聽辨

割	果	喝	勒	活	潑	摸	過	瑟	脫	戈	抑	起	郁	寓
裡	意	記	取	綠	立	曲	劇	皮	機	接	切	卻	決	略
雪	列	階	寫	學	月	閱	業	千	全	淺	卷	選	辨	懸
怨	言	先	前	怨	源	近	尋	親	軍	新	群	勤	印	雲
韻	因	斤	俊											

2. 發音

2.1 單音節對比練習

閣——國　樂——落　德——奪　特——唾　賀——或　哲——灼
起——娶　力——綠　吸——噓　機——駒　擬——女　以——雨
涅——虐　列——略　節——決　怯——卻　斜——穴　頁——悅
兼——捐　前——泉　先——宣　沿——懸　演——遠　箭——眷
引——運　今——均　侵——裙　釁——訓　盡——峻　銀——雲

2.2 雙音節對比練習

🔊 ㄜ—ㄛ(ㄨㄛ)、ㄧ—ㄩ

各國　合夥　婀娜　折磨　瑟縮　異域　利率　欷歔　崎嶇　急劇

🗨 ㄛ(ㄨㄛ)—ㄜ、ㄩ——

國歌	過河	挫折	火車	撮合	墨盒	說客
綠地	預期	雨衣	取締	履歷	拘泥	聚集

🗨 —ㄝ—ㄩㄝ、—ㄢ—ㄩㄢ

解決	節約	解約	諧謔	謝絕	演員	繾綣
墊圈	棉捲	田園	喊冤	煙捲		

🗨 ㄩㄝ——ㄝ、ㄩㄢ——ㄢ

月夜	訣別	決裂	確切	血液	學業	越野
怨言	權變	眷戀	全面	宣言	元件	捐錢

🗨 —ㄣ—ㄩㄣ、ㄩㄣ——ㄣ

進軍	音訊	民運	親允	烏雲	因循	尋親	尋釁	雲錦	雲鬢

2.3 混合練習

樂意──絡繹	客氣──闊氣	老歌──老鍋	栗色──綠色
戲言──序言	打獵──大略	截斷──決斷	潛力──權力
顏色──原色	事件──試卷		

2.4 繞口令練習

鵝合夥過河，河渡合夥的鵝。合夥的鵝過河，鵝多河闊；河渡合夥的鵝，河闊鵝多。

遊戲賭具，予以取締。街區裡委，解決問題。群心相印，進軍體育。決裂惡習，皆大歡喜。

山前有個顏圓眼，山後有個顏眼圓，二人山前來比眼。不知是顏圓眼

的眼圓，還是顏眼圓的眼圓。

三、聲調發音訓練

聲調是音節中具有區別意義作用的音高變化。例如－（一）、－ˊ（移）、－ˇ（已）、－ˋ（譯）四個音節的聲母和韻母都相同，但意義不同，這是因為聲調不同的原因。漢語的聲調可以從調值和調類兩個方面來分析。

（一）國語的聲調分類

我們採用五度標記法來表示國語的讀音。所謂五度標記法是指用五度豎標來標記調值相對音高的一種方法。畫一條豎線，分作四格五度，表示聲調的相對音高，並在豎線的左側畫一條線，表示音高的升降變化。根據這條線的形式，製成五度標調符號，有時也採用兩位或三位數字表示。

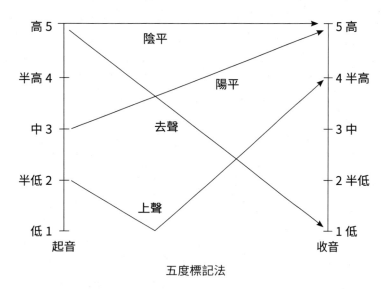

五度標記法

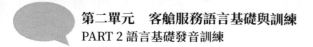
1. 陰平

高而平。用五度標記法來表示，就是從 5 度到 5 度。表示聲音比較高，並且無明顯升降變化。調值為 55。例如：

青春光輝　春天花開　新屋出租

2. 陽平

由中音升到高音。用五度標記法表示，就是從 3 度升到 5 度。聲帶從不鬆不緊開始，逐步繃緊，直到最緊，聲音從不低不高到最高。調值為 35。例如：

華南銀行　連年和平　農民犁田

3. 上（ㄕㄤˇ）聲

由半低音先降到低音再升到半高音。用五度標記法表示，是從 2 度降到 1 度再升到 4 度。聲帶從略微有些緊張開始，立刻鬆弛下來，稍稍延長，然後迅速繃緊，但沒有繃到最緊。調值為 214。例如：

彼此理解　理想美滿　永遠友好

4. 去聲

由高音降到低音。用五度標記法表示，是從 5 降到 1。聲帶從緊開始到完全鬆弛為止，聲音從高到低，音長是最短的。調值為 51。例如：

世界教育　報告勝利　創造利潤

（二）聲調訓練

1.聽辨

啥　就　哈　個　是　裡　使　多　區　見　動　日　乏　松　本
枯　復　地　每　哨　飛　我　他　黑　靠　叫　或　換　紅　開
家　黎　吹　很　撒　做　被　嘴　碎　襖　闊　在　緊　很　歌
德　熬　要　南　部　落　筋　木　奴　涼　嫩　岸　最　新　分
古　湖　哭　字　催　匿　跡　夥

2.發音

2.1 單音節對比練習

風──逢──諷──奉　沖──蟲──寵──銃
非──肥──斐──沸　鴛──緣──遠──願
多──奪──朵──舵　迂──余──雨──遇
撐──成──逞──秤　詩──實──史──室
坡──婆──叵──破

2.2 雙音節對比練習

雙音節詞語中，上聲在其他音節前會變調，但這裡做音節對比訓練，音節之間要求分開來唸，每個音節的聲調都要求讀完整，與讀雙音節詞語有所不同

🔊 陰平 ── 陽平　陽平 ── 陰平

包合　歡迎　通俗　晶瑩　湯匙　貪財　捏合
投機　年初　尼姑　活該　渾身　合家　迭出

🗨 陰平 —— 上聲　上聲 —— 陰平

顛簸　燈火　悲喜　斑馬　瑰寶　豐滿　歸省
脊椎　野炊　免修　起飛　取消　染缸　嗓音

🗨 陰平 —— 去聲　去聲 —— 陰平

紗罩　紳士　深度　失措　豌豆　將近　私自
話鋒　叫囂　競爭　竣工　礦砂　劣紳　蜜蜂

🗨 陽平 —— 上聲　上聲 —— 陽平

才子　常委　答禮　敵手　煩瑣　縫補　截止
解饞　砍伐　口頭　了結　頂樓　匹敵　歹毒

🗨 陽平 —— 去聲　去聲 —— 陽平

強化　前後　評價　奴隸　南宋　遼闊　回憶
諱言　後勤　復仇　大梁　道德　觸覺　閉合

🗨 上聲 —— 去聲　去聲 —— 上聲

海盜　講話　火藥　哄騙　虎視　謊報　酒會
後悔　就此　犒賞　叩首　掠影　默許　勸勉

🗨 陰平 —— 陽平 —— 上聲 —— 去聲

星河璀璨　山河美麗　天然寶藏　資源滿地
風調雨順　山明水秀　花紅柳綠

🗨 去聲 —— 上聲 —— 陽平 —— 陰平

刻骨銘心　妙語連珠　妙手回春　異口同聲
破釜沉舟　痛改前非　笑口常開　綠水浮舟

2.3 混合練習

人名——人命　師範——示範　開花——開化　同時——同事
音箱——音像　擬人——泥人　頂嘴——頂罪　上海——商海
遊歷——游離　合營——合影　平凡——平反　早期——早起
照例——照理

2.4 繞口令

姥姥撈酪，酪落姥姥老撈；舅舅揪鳩，鳩溜，舅舅又揪鳩；媽媽抹馬，
馬麻，媽媽罵馬；妞妞遛牛，牛拗，妞妞扭牛。
黃貓毛短戴長毛帽，花貓毛長戴短毛帽，不知短毛貓的長毛帽比長毛
貓的短毛帽好，還是長毛貓的短毛帽比短毛貓的長毛帽好。

四、語流音變發音訓練

　　要點提示：語流是由一個個連在一起有時又是相對獨立而完整的語言
單位形成的，所以在讀或說這些相對獨立而完整的連續音節時，既要一氣
呵成，使前後兩個音節緊密相連，不能出現一字一頓、相互割裂的情況，
又要注意當前一個音節的末尾與後一個音節開頭的音素相連時，由於彼此
受到影響而在聲母、韻母或聲調上所產生的語音變化。

（一）變調發音訓練

　　要點提示：音節連續發出時，有些音節的聲調會發生變化，而與單字
調值不同，這種變化就是變調。國語主要有上聲的變調，「一」、「不」的變
調和重疊式形容詞的變調等。

上聲變調的規律及訓練

1. 上聲變調的規律

1.1 兩個上聲相連，前面一個上聲字變成陽平

例如：美好　水果　理想

1.2 三個上聲字相連，前面兩個上聲字變成陽平

例如：很勇敢　演講稿　展覽館

1.3 三個以上的上聲字相連

按詞或語氣劃分為兩個或三個字一節，然後按照上述方法變調。

例如：我很｜了解你。
請你｜給我｜整理好。

1.4 非上聲前的變調

上聲在非上聲（陰平、陽平、去聲）前變為半上聲（調值由 214 變為 211）。

例如：臺東　火車　祖國　朗讀　土地　宇宙

1.5 上聲在輕聲音節前變成半上聲或近似陽平

🗨 上聲與本調是陰平、陽平、去聲的輕聲字相連，變為半上聲。

例如：比方　講究　枕頭　老實　口氣　腦袋

💬 上聲與本調是上聲的輕聲字相連，變為近似陽平。

例如：打手　小姐

💬 上聲重疊表示親屬稱謂的詞，變為「半上＋輕聲」。

例如：奶奶　姐姐

2. 訓練

2.1 聽辨（聽辨每組有幾個上聲連上聲的變調）

普通	主張	寶貴	反對	緊張	火氣	忍心	柳樹	早晨	趕緊
也許	舉止	解放	可憐	老師	檢驗	喘氣	底下	主任	主人
有力	總算	美好	有理	產業	鞏固	賭氣	水火	指南	很淺
眼睛	講義	假設	草原	美觀	抖動	搞好	總理		

2.2 發音

💬 分組對比

① 半上（211）＋陰平（55）

把關	導師	點播	海濱	火光	酒家
馬蜂	抹黑	起兵	請安	閃光	鐵窗

② 半上（211）＋陽平（35）

齒輪	導讀	倒臺	抵達	典籍	耿直	詭譎
幾何	凱旋	苦寒	挽留	老巢	險情	

③ 半上（211）＋去聲（51）

蠢事　打造　耳順　反對　粉黛　火爆　簡化

解放　緊湊　舉辦　口氣　企業　眼力

④　陽平（24）＋上聲（214）

補養　處暑　導演　頂嘴　反響　拱手　廣遠

滾滾　好手　虎口　請柬　引水

🔊 同組對比

本村　本行　本隊——本組　採編　採集　採納——採取

法官　法人　法律——法網　好多　好人　好話——好手

腳跟　腳爐　腳鐐——腳掌　演出　演員　演戲——演講

🔊 語句練習

　　我感到自己並不矮誰一等，可不知怎麼，一走進裡頭，就覷腆得像滾水洗過臉蛋一樣，熱呼呼的，語言沒有了，想法也沒有了。別說要做選舉前的演講，就是那一雙手，也一直在那兒一個勁兒地抖抖，虧得大家對我挺友好，掌聲不斷，於是我勇敢地走上了講臺。

（二）重疊式形容詞的變調規律及訓練

　　要點提示：重疊式形容詞的三種形式，即 AA 式、ABB 式和 AABB 式。

1.AA 式

通常不變調。例如：快快地　長長的

2.ABB 式

後面的兩個疊字都變成陰平。

例如：冷冰冰　熱騰騰　甜蜜蜜　綠油油

3.AABB 式

第二個字變輕聲，第三、四個字變陰平。

例如：乾乾淨淨　漂漂亮亮　明明白白　整整齊齊

上述幾種重疊式形容詞，如果唸得緩慢而又清楚，不變調也可以。至於一部分書面語言中的重疊式形容詞，則不能變調。

━━━「一、不」的變調規律及訓練 ━━━

■ 1. 「一、不」的變調規律

1.1「一、不」單念或用在詞句末尾,以及「一」在序數中,聲調不變,「一」讀陰平,「不」讀去聲。

例如:一、二、三　始終如一　第一;不　偏不

1.2 在去聲字前讀陽平。

例如:一定　一切　一塊　不夠　不錯　不吝

1.3 在非去聲字(陰平、陽平、上聲)前,「一」變去聲,「不」仍讀去聲。

例如:一心　一年　一起　不吃　不同　不管

1.4 夾在重疊的詞中間或肯定否定連用時,讀輕聲。

例如:看一看　嘗一嘗　來不來　管不管

■ 2. 訓練

2.1 聽辨(聽辨每組有幾個在去聲前的變調)

一本　一壺　一站　一盞　一道　一瓶　一桌　不理　不會　不說
不笑　一夜　一窗　一床　一眼　一塊　一篇　一片　一萬　一碗
不足　不念　不凡　不犯　不睡　不妨　不諱　一瞬　不便　一層

2.2 發音

🗨 2.2.1 分組對比

① 去聲「一」＋非去聲字

一身　一天　一些　一張　一連　一起　一排
一人　一時　一頭　一直　一夥　一舉　一臉

② 陽平「一」＋去聲字

一半　一旦　一概　一晃　一路　一切　一色
一束　一味　一向　一線　一樣　一陣　一致

③ 去聲「不」＋非去聲字

不安　不單　不公　不羈　不禁　不興　不依　不白　不才　不迭
不仁　不祥　不時　不宜　不齒　不法　不管　不僅　不可　不已
不止

④ 陽平「不」＋去聲字

不必　不錯　不斷　不論　不日　不善　不致　不但　不對
不夠　不妙　不勝　不用

🗨 2.2.2 混合練習

一尺一寸　一心一意　一筆一畫　一生一世　一詞一句　一左一右
一前一後　一時一刻　不三不四　不幹不淨　不倫不類　不聞不問
不緊不慢　不冷不熱　不明不暗　不折不扣

🗨 2.2.3 語句練習

王老漢手裡拿著一根不長不短的鞭子，趕著一輛不新不舊的車子，載

著不多不少的柿子，一路上哼著不高不低的調子，走進了一個不大不小的寨子。

語音練習一

■ 一、聲母訓練

1. 鼻音ㄋ與邊音ㄌ對比練習

南蘭　女呂　擰領　囊狼　牛流　耐鈴　年連　捺蠟　內淚　腦老
娘梁　怒露　農隆　暖卵　溺力　聶劣　褭了　懦落　撓勞

2. 舌尖前音ㄗ、ㄘ、ㄙ與舌尖後音ㄓ、ㄔ、ㄕ對比練習

ㄗ　ㄓ　暫站　怎診　災摘　臟章　遭招　籽紙　縱仲　祖煮　則折
增睜　鄒粥
ㄘ　ㄔ　疵吃　擦叉　冊徹　蹭秤　粗初　醋處　蠶饞　搓戳
ㄙ　ㄕ　撒傻　賽晒　色射　三山　喪傷　臊燒　森深　僧升　寺是
餿收　隨誰　縮說

3. 舌面音ㄐ、ㄑ、ㄒ的練習

既　即　假　揀　箭　接　屆　金　盡　勁　靜　期　千　錢　且
青　輕　秋　渠　圈　西　系　鮮　歇　鞋　血　弦　銜　鑲
穴　熏

■二、韻母訓練

1. 單韻母ㄧ與ㄩ對比練習

記—聚　姨—魚　起—曲　席—徐　立—綠
你—女　以—雨　洗—許

2. ㄛ與ㄡ對比練習

我藕　破剖　多都　寇叩　佛否

3. ㄢ與ㄤ對比練習

膽—黨　板—膀　畔—胖　展—掌　刪—商
談—唐　綻—張　沿—洋　產—場

4. 複韻母ㄣ與ㄥ對比練習

真—爭　唒—鏗　枕—整　痕—橫　申—生　本—繃
笨—泵　捫—蒙　陳—懲　莘—笙　分—風　震—鄭

5. 複韻母ㄧㄣ與ㄧㄥ對比練習

您—凝　臨—凌　頻—憑　金—荊　鬢—病　謹—景
秦—晴　浸—靜　繽—冰　陰—英　抿—酩　林—靈

6. 複韻母ㄧㄝ與ㄧㄢ對比練習

夜—燕　劣—鏈　瘤—貶　撇—翩　聶—念　咩—眠　篾—面

■ 三、聲調訓練

1. 陰平，調值為 55

滋　秋　鉤　軍　賅　掐　捏　爹　區
墩　腔　宣　烘　掖　姻　湍　坯　新

2. 陽平，調值為 35

捱　熟　責　層　瘸　原　懸　頻　萊　啄
鐃　明　汾　違　轄　茗　磨　踝　佟

3. 上聲，調值為 214

覽　耍　窄　啞　貶　篤　慨　窕　普
闡　湧　舔　箜　忖　瞟　爪　寶　有

4. 去聲，調值為 51

盟　嚙　這　珐　熾　括　氣　礦　料　尬
儈　繆　淬　簇　竅　客　動　菜　壯

■ 四、音變練習

1. 指出下列上聲字的變調

長官　選舉　考察　鐵道　解除　檢察　享受　鼓動　老闆

早操　演講　嫂子　想起　展覽館　買把雨傘　好產品　草稿

2. 指出下列「一、不」的變調

(1)「一」的變調

一路　一件　一會兒　一定　一貫　一發　一些　一年　一直
一品　一起　說一說　看一看　想一想　走一走　笑一笑

(2)「不」的變調

不怕　不用　不要　不錯　好不好　去不去
差不多　對不起　來不了　捨不得

語音練習二

一、聲母訓練

1. 平舌音ㄗ、ㄘ、ㄙ和翹舌音ㄓ、ㄔ、ㄕ的對比練習

(1) 單音節字練習

ㄗ—ㄓ：
茲——知　子——紙　字——摯　早——找
增——蒸　贈——正　則——哲　暫——站　最——綴
ㄘ—ㄔ：
才——豺　慘——產　瓷——池　曹——潮
崔——吹　擦——插　村——春　粗——初　竄——串
ㄙ—ㄕ：

四——是　三——山　素——樹　隨——誰
森——身　灑——傻　桑——傷　搜——手　賽——晒

(2) 雙音節詞語對比練習

ㄗ—ㄓ：

資助——支柱　栽花——摘花　早稻——找到
祖父——主婦　滋補——織補　贊助——站住

ㄘ—ㄔ：

瓷瓶——持平　木材——木柴　擦嘴——插嘴
亂草——亂吵　一層——一成

ㄙ—ㄕ：

死記——史記　塞子——篩子
自立——智力　三哥——山歌　散光——閃光

(3) 詞組練習

ㄗ—ㄓ	組織	雜誌	自主	阻止	最終	罪證	遵照
ㄓ—ㄗ	製造	種族	沼澤	著作	職責	鑄造	準則
ㄘ—ㄔ	財產	操場	操持	餐車	辭呈	促成	綵綢
ㄔ—ㄘ	成才	差錯	純粹	籌措	楚辭	揣測	春蠶
ㄙ—ㄕ	雖說	掃射	算術	所屬	瑣事	喪失	損傷
ㄕ—ㄙ	神色	上訴	生澀	收縮	疏鬆	誓死	哨所

(4) 繞口令練習

ㄗ—ㄓ：

紅磚堆，青磚堆，磚堆旁邊蝴蝶追，蝴蝶繞著磚堆飛，飛來飛去蝴蝶
鑽磚堆。

ㄔㄧ：

紫瓷盤，盛魚翅。一盤熟魚翅，一盤生魚翅。遲小池拿了一把瓷湯匙，要吃清蒸美魚翅。一隻魚翅剛到嘴，魚刺刺進齒縫裡，疼得小池拍腿撓牙齒。

ㄙㄧㄕ：

石、斯、施、史四老師，天天和我在一起。石老師教我大公無私，斯老師給我精神糧食，施老師叫我遇事三思，史老師送我知識鑰匙。我感謝石、斯、施、史四老師。

2. 鼻音ㄋ和邊音ㄌ對比練習

（1）單音節字對比練習

那——辣　奈——賴　內——類　撓——牢　南——藍
念——戀　努——魯　鳥——了　女——呂　挪——羅

（2）雙音節詞語對比練習

腦子——老子　允諾——隕落　泥巴——籬笆
男女——襤褸　鳥雀——了卻　南寧——蘭陵

（3）詞組練習

ㄋㄧㄌ：

能量　耐勞　內力　奴隸　年輪　暖流　內陸　年齡　女郎　男籃

ㄌㄧㄋ：

冷暖　留念　流年　老年　老牛　來年　爛泥　凌虐

（4）繞口令練習

打南面來了個阿凡提騎著頭驢，

打北面來了個阿凡驢提著面旗。

騎著驢的阿凡提要拿驢換提著旗的阿凡驢的手裡的旗，

提著旗的阿凡驢不願拿旗換阿凡提騎著的驢。

氣得騎著驢的阿凡提用驢踢了提著旗的阿凡驢一蹄，

提著旗的阿凡驢用旗打了騎著驢的阿凡提一旗。

也不知是騎著驢的阿凡提踢了提著旗的阿凡驢一蹄，

還是提著旗的阿凡驢打了騎著驢的阿凡提一旗。

3. 唇齒音ㄈ和舌根音ㄏ的對比練習

（1）單音節字對比練習

發——花　翻——歡　飛——灰　馮——橫
赴——滬　斧——虎　房——黃　飯——換

（2）雙音節詞語對比練習

理髮——理化　發現——花線　舅父——救護
廢話——會話　乏力——華麗

（3）繞口令練習

風吹灰飛，灰飛花上花堆灰。風吹花灰灰飛去，灰在風裡飛呀飛。
籠子裡面有三鳳，黃鳳紅鳳粉紅鳳。忽然黃鳳啄紅鳳，紅鳳反嘴啄黃
鳳，粉紅鳳幫啄黃鳳。你說是紅鳳啄黃鳳，還是黃鳳啄粉紅鳳。

4. 糾正舌尖音字練習

ㄗ一ㄐ：

阻力——舉例　自信——寄信　租多——居多　墨漬——墨跡
滋補——機補

ㄘ一ㄑ：

辭藻——起早　粗線——曲線　刺激——契機　雌馬——騎馬
促聲——去聲

ㄙ一ㄒ：

訴說——敘說　肅穆——序幕　俗語——徐語　寺院——戲院
老司——老希　私人——昔人

■二、韻母訓練

1. 一和ㄩ對比練習

(1) 單音節字對比練習

一一ㄩ：

擊——居　級——局　擠——舉　離——驢
立——律　你——女　奇——渠　易——遇

ㄩ一一：

魚——姨　許——喜　綠——利　去——氣
雨——蟻　劇——記　屢——理　句——計

(2) 雙音節詞對比練習

一一ㄩ：客機——客居　前期——前驅　風氣——風趣
ㄩ一一：女人——擬人　序曲——戲曲　漁民——移民

(3) 詞組練習

ー一ㄩ：西域　機遇　喜劇　七律　積聚　器具

ㄩ一一：聚集　淤泥　漁利　預期　寓意　餘地

(4) 繞口令練習

這天天下雨，體育運動委員會穿綠雨衣的女小呂，去找計劃生育委員會不穿綠雨衣的女老李。體育運動委員會的穿綠雨衣的女小呂，沒找到計劃生育委員會不穿綠雨衣的女老李。計劃生育委員會不穿綠雨衣的女老李，也沒有見到體育運動委員會穿綠雨衣的女小呂。

2. 前鼻音ㄢ、ㄣ和後鼻音ㄤ、ㄥ練習

(1) 單音節對比練習

ㄢ一ㄤ：

產——廠　站——帳　山——商

判——胖　半——棒　難——囊

ㄣ一ㄥ：

陣——正　門——盟　芬——封

人——仍　盆——棚　甚——勝

一ㄣ一一ㄥ：

新——星　賓——兵　林——鈴

民——名　因——鷹　今——京

(2) 雙音節詞語練習

ㄢ一ㄤ：旱道——巷道　反常——往常　反問——訪問

ㄑㄧㄥ：清真——清蒸　伸張——聲張　瓜分——颱風
ㄧㄣㄑㄧㄥ：繽紛——冰峰　頻繁——平凡　信服——幸福

（3）繞口令練習

紅飯碗，黃飯碗，紅飯碗盛滿碗飯，黃飯碗盛半碗飯；
黃飯碗添半飯碗，像紅飯碗一樣滿飯碗。
陳是陳，程是程，姓陳不能說成姓程，姓程也不能說成姓陳。
禾旁是程，耳朵是陳。陳程不分，就會認錯人。

■ 三、聲調訓練

1. 讀準下列按四聲順序排列的同聲同韻字，仔細體會各類聲調的音高

媽麻馬罵　坡婆叵破　哥格葛個　欺齊起氣　呼胡虎護　拘菊舉句
疵瓷此次　包雹飽報　溜劉柳六　郭國果過　積極幾記　千錢淺欠
分墳粉憤　溫文穩問　淵員遠願　敲橋巧俏　衣移椅易　八拔靶壩
親琴寢沁　通同筒痛　窗床闖創　知直紙制　挖娃瓦襪　些斜寫謝
青晴請慶　身神嬸甚　先閒顯獻　押牙啞亞　酣含喊漢　煙沿眼厭

2. 四聲同調練習

春天花開　居安思危　東風飄香　珍惜光陰　提前完成　回國華僑
豪情昂揚　美好理想　產品展覽　請你指導　日夜變化　創造世界
勝利閉幕　運動大會

3. 四聲順序練習

區別好記　風調雨順　山明水秀　深謀遠慮　英明果斷　光明磊落

山河錦繡　　爭前恐後　　心明眼亮　　千錘百煉　　詩詞曲賦

4. 四聲逆序練習

赤膽忠心　　墨守成規　　妙手回春　　破釜沉舟　　弄巧成拙　　痛改前非
耀武揚威　　萬里長征　　逆水行舟　　背井離鄉　　字裡行間　　暴雨狂風

四、音變練習

變調練習

(1) 上聲變調練習

小說　取經　野鴨　火雞　紙杯　朗讀　古文　改革　養活　早晨
遠洋　診斷　主調　手勢　獎勵　鼓動　感嘆　表演　朗讀　採取
總理　口語　美滿　選舉法　了解你　演講稿　幾百種　洗臉水
老本領　很友好　有好感

(2)「一」、「不」變調練習

一心　一生　一年　一旁　一直　一同　一早　一起　一舉　一定
一樣　一律　不快　不對　不妙　不錯　不論　不斷　說一聲
看一看　去不去　等不及　好不好
一帆一槳一漁舟，一個漁翁一釣鉤，
一俯一仰一場笑，一江明月一江秋。
一個老僧一本經，一句一行念得清，
不是老僧愛念經，不會念經當不了僧。

第三單元
客艙播音表達專項訓練

本章導讀

　　當我們的旅客乘坐飛機飛翔在藍天上，常常會聽到空服人員清晰、親切的播音「女士們、先生們，你們好！歡迎您乘坐 ×× 航空公司的 ×× 航班……」空服員的播音會伴隨著整個航程。客艙中的播音是機組人員與乘客溝通的重要橋梁，能夠靈活掌握客艙播音技巧，對於提升空服員的服務技能具有重要的作用。因此，做一名合格的空服員首先應成為一名合格的播音員。

播音的要求與技巧訓練

一、播音的要求與技巧

（一）播音的要求

1. 客艙播音要使用國語、英語兩種以上語言，廣播內容應準確，播音應清晰、勻速。
2. 語速適當，用心感受。要抓住內容特點，使節奏流利和諧，緩急結合。
3. 語調生動，語言靈活。根據需要，分出輕重緩急，分清抑揚頓挫，而且要能夠根據不同內容傳達出不同的思想感情。
4. 聲音圓潤、自然，咬字清晰。注意克服發音咬字方面的不良習慣，如鼻音、喉音、擠捏音、虛聲等，做到發音圓潤動聽、咬字清晰悅耳。

（二）培養聲音的魅力

1. 氣沉丹田，呼吸控縱自如。美妙的聲音來自正確的呼吸，氣息短、坐姿不正確會造成緊張。坐如鐘，頭背一線，雙腳自然垂直，深呼吸時不要聳肩。練習深呼吸，要有一定的呼吸儲量，要口鼻共同呼吸。要用丹田呼吸，將兩肋打開，小腹收緊，肚皮始終是硬的，這就是氣息支撐。不管自然條件多麼困難，也要把氣沉下去。
2. 播音是要抒發一種情懷，一種心情，以引起聽眾的共鳴，所以應在正確、深刻掌握、理解稿件的基礎上，全身心地投入感情。
3. 練習遠近距離感，即朗讀要有目標對象。
4. 加強鼻音練習：ㄢ、ㄣ、ㄧㄣ、ㄨㄣ、ㄩㄣ、ㄤ、ㄥ、ㄧㄥ、ㄨㄥ。

5. 準確掌握平翹舌音：ㄓ、ㄔ、ㄕ、r、ㄗ、ㄘ、ㄙ。

（三）聲帶的保護方法

1. 堅持鍛鍊身體，游泳和長跑是最有效的方法。使用正確的方法堅持練聲，循序漸進。

2. 練聲時，聲音要由小到大，從近到遠，從弱到強，由高到低，避免一開始就大喊大叫損傷聲帶；保證充足的睡眠以保護聲帶；生病尤其是感冒的時候，盡量少說話，此時聲帶黏膜增厚，容易產生病變。

3. 女性在生理週期或者因其他原因鼻、咽、聲帶充血的時候，禁止練聲。

4. 盡量少吃辛辣刺激性食物，油膩、甜黏、冷熱刺激的食品也是聲帶的殺手，菸酒也要避免。

5. 堅持用淡鹽水漱口，可以消炎並保護聲帶。

（四）氣息練習

俗話說：練聲先練氣。這裡簡要介紹幾種氣息練習的方法。

1. 深吸慢呼，氣息控制延長練習

其要領是：先學會「蓄氣」，首先深呼吸，把氣排出，然後用鼻和舌尖間隙像「聞花」一樣，自然鬆暢地輕輕吸，彷彿面前有一盆鮮花，吸得要飽，然後氣沉丹田，慢慢地放鬆胸肋，使氣像細水長流般慢慢呼出，要呼得均勻，控制時間越長越好。反覆練習 4 ～ 6 次。

2. 深吸慢呼數字練習

2.1「數數」練習

「吸提」（深吸氣慢呼氣）同前。在呼氣的同時輕聲快速地數數字從 1 至 10，一口氣反覆數數到這口氣氣盡為止，看看能反覆數多少次。

2.2「數棗」練習

「吸提」同前。在「推送」的同時輕聲念：「出東門過大橋，大橋底下一樹棗，拿著竹竿去打棗，青的多紅的少（吸足氣），一個棗兩個棗三個棗四個棗五個……」數到這口氣氣盡為止，看看能數多少個棗。

剛開始練習的時候，中間可以適當換氣，練到對氣息有了控制能力時，逐漸減少換氣次數，最後要爭取一口氣說完，盡可能多數幾個棗。反覆 4 ～ 6 次。

2.3「數葫蘆」練習

「吸提」同前。在「推送」的同時輕聲念：「金葫蘆，銀葫蘆，一口氣數不了 24 個葫蘆（吸足氣），一個葫蘆，二個葫蘆，三個葫蘆……」數到這口氣氣盡為止，反覆 4 ～ 6 次。

數數字、「數棗」、「數葫蘆」控制氣息，越練氣息控制越長，千萬不要跑氣。開始腹部會出現痠痛，練過一段時間，則會自覺大有進步。

3. 深吸慢呼長音練習

模擬吹滅生日蠟燭，深吸一口氣後均勻緩慢地吹，盡可能時間長一點，達到 25 ～ 30 秒為合格。

4. 托氣斷音練習

這是聲、氣各半練習。雙手叉腰或護腹，由丹田托住一口氣到咽部衝出同時發聲，聲音以中低音為主。

1. 一口氣托住，嘴裡快速念「劈哩啪啦，劈哩啪啦」（反覆），到這口氣將盡時發出「嘭—啪」的斷音。反覆 4～6 次。
2. 一口氣繃足，先慢後快地發出「哈、哈（反覆、加快）—哈、哈、哈……」鍛鍊發有爆發力的斷音，在演唱中「哈哈」大笑或發「啊哈」、「啊咳」等音，常用這種方法練習。
3. 一口氣繃足，先慢後快地發出「嘿—厚、嘿—厚」（反覆逐漸加快）—「嘿厚、嘿厚……」加快到氣力不支為止，反覆練習。氣為聲之帥，氣為聲之本，經過這一階段練習，氣息已基本飽滿，「容氣之所」已開始興奮、活躍起來，而聲音一直處於醞釀、保護之中，在此基礎上即可開始準備聲音練習了。

二、語言表達外部技巧訓練

重音、停連、語氣、節奏，是有聲語言表達的外部技巧。播音員的再創造勞動，最終是展現在把文字稿件轉化為有聲語言上，即把文字這種視覺形態轉化為聲音這種聽覺形態。在這個再創造的過程中，需要播音者對文字形態的稿件有一定程度的認知，還需要有將其轉化為有聲語言這種聽覺形式的構思和傳達，而有聲語言的表達技巧，就為這構思和傳達提供著重要的必不可少的方法。

（一）重音、停連的練習

1. 相關概念

◀ **重音**：播音中的重音，是就語句而言的。詞和詞組內部的輕讀、重讀我們叫它輕重格式，語句重音，是指那些最能展現語句目的，而在播音中需要著意強調的詞或詞組。它解決的是播音中語句內部各詞或詞組之間的主次關係問題。在有聲語言的表達中，「重音」這種技巧的作用是很大的，它可以使語句的目的更突出，使邏輯關係更嚴密，使感情色彩更鮮明。

◀ **停連**：也是播音員藉以表情達意的語言技巧之一，播音員必須學會運用停連組織語句。停連，就是指停頓和連接。在播音當中，在有聲語言的語流中，那些為表情達意所需要的聲音的中斷和休止就是停頓；那些聲音不中斷、不休止特別是文字稿件上有標點符號而在播音中卻不需要中斷、休止的地方就是連接。停連的作用表現在許多方面，有的表示組織區分，使語意明晰；有的造成轉折呼應，使邏輯嚴密；有的可以強調重點，使目的鮮明；有的表示並列分合，使內容完整；有的展現思考判斷，使傳情更加生動；有的創造意境，令人回味想像。停連常常和其他技巧一起共同服務於表達。

2. 訓練

1. 車身猛一搖晃，碰倒一根連隊戰士用來晒衣服的方木桿子。
2. 隨行人員有馬科斯的兩個女兒、卡洛斯‧羅慕洛外交部長、政府其他部長、省長和其他高級官員。
3. 據外媒報導，世界著名拳王穆罕默德‧阿里前天在美國內華達州拉斯維加斯進行的一次希望第四次贏得世界重量級冠軍的比賽中，

經過十個回合的戰鬥，敗在世界拳擊協會重量級冠軍——美國的拉里·霍姆斯手下。

4. 大雨像一片巨大的瀑布，從西北的海濱橫掃著廣袤平原，遮天蓋地地捲了過來。雷在低低的雲層中間轟響著，震得人耳朵嗡嗡地響。閃電，時而用它那耀眼的藍光，劃破了黑沉沉的夜空，照出了在暴風雨中狂亂地搖擺著的田禾，一條條金線似的鞭打著大地的雨點和那在大雨中吃力地邁動著腳步的人影。一剎那間，電光消失了，天地又合成了一體，一切又被無邊無際的黑暗吞沒了。對面不見人影，四周聽不到別的響聲，只有震耳的雷聲和大雨滂沱的噪音。

5. 眼前，這「雷神爺」為何又甩帽？人們目瞪口呆！只見他在臺上來回踱了兩步又站定，雙手卡腰，怒氣難抑。終於，炸雷般的喊聲從麥克風傳出：「我的大砲就要萬炮轟鳴，我的裝甲車就要隆隆開進！我的千軍萬馬就要去殺敵！就要去拼！就要去流血！可剛才，有那麼個神通廣大的貴婦人，她竟有本事從幾千里之外，把電話要到我這前線指揮所……我要她的兒子第一個扛上炸藥包，去炸碉堡！去炸碉堡……」

（二）語氣、節奏的練習

1. 相關概念

◀ **播音語氣**：是指在一定的具體的思想感情支配下具體語句的聲音形式，由於各個語句的本質不同，語言環境不同，每一個語句必然呈現出「這一句」的具體感情色彩和分量，並且表現為千差萬別的聲音形式。在運用語言技巧的時候，我們一定要把握住三個相輔相成的環節，即：1. 受一定的具體思想感情支配；2. 以具體語

句為範圍；3. 化為某種聲音形式。

◀ **節奏：**是有聲語言運動的一種形式。在播音中，節奏應該是由全篇稿件生發出來的，是播音者思想感情的波瀾起伏所造成的抑揚頓挫、輕重緩急的聲音形式的循環往複。語氣是以語句為單位，節奏是以全篇為單位。就節奏的類型來說，大致可以分為六種，即：高亢型、緊張型、輕快型、低沉型、舒緩型、凝重型。這六種類型在不同的稿件中有不同的結合，但不是並列，而是以某種類型為主，其他類型滲入其中，既表現了節奏的具體性又表現了節奏的豐富性。節奏運用的方法有：欲揚先抑、欲抑先揚；欲快先慢，欲慢先快；欲重先輕、欲輕先重；欲高先低、欲低先高；聲音對比、收縱自如等。節奏的運用，表現在聲音形式循環往複的不同類型上，也表現在音高、音強、音長、音色的不同對比上，更表現在隨著思想感情運動對聲音形式的控制、收放自如上。

2. 例句練習

1. 春風吹遍了山川，春雨灑滿了田園，春風春雨帶來了美麗的春天。百鳥和鳴清脆婉轉，百花盛開桃紅李豔。

2. 春天來了，春天為大地送來溫暖，萬物把春天精心裝點。春天還我們藝術青春，我們的青春放歌雲端。

3. 明明是二等品，卻硬要塗上一級樣，讓它升級；明明是積壓的次品，卻硬要換個合格證，充當好貨。鋼銼廠弄虛作假的手段，實在惡劣！這樣對待產品品質，確實應當好好整一整。

4. 天上那層灰氣已散，不甚憋悶了，可陽光也更厲害了許多，沒人敢抬頭看太陽在哪裡，只覺得到處都閃眼，空中、屋頂上、牆壁上、地上，都白亮亮的，白裡透著點紅；由上至下整個的像一面極大的火鏡，每一條光都像火鏡的焦點，晒得東西要發火。在這白光裡，每一個顏色都刺目，每一個聲響都難聽，每一種氣味都

混合著由地上蒸發出來的腥臭。街上彷彿已沒了人，道路好像忽然加寬了許多，空曠而沒有一點涼氣，白花花的令人害怕。

5. 竹籬的那邊是兩家很精巧的華美的洋房。籬畔的落葉樹和常青樹，都悠然自得地顯著入畫的奇姿。平坦的淡黃的草圍，修飾的淺黑的圍徑，就好像千幅很貴重的獸皮毯一樣敷陳在洋房的下面。紅的磚，綠的窗櫺，白的欄杆，淡黃的瓦……

6. 突然在洶湧起伏的波濤中出現了一個黑點，它忽大忽小，慢慢地升到浪濤的頂端，又一下子跌落在浪谷裡。小船離岸越來越近了……我緊張地望著那艘可憐的小船，看它怎樣像鴨子一樣鑽到水裡，又像振翼高飛的鳥兒似的飛快劃動著雙槳，從深淵裡的浪花中竄出來。啊呀，我想這下子它要猛衝到岸上，撞個粉碎了，不料它卻靈活地側轉過來，安全地駛進一個小灣。

三、語言表達內部技巧訓練

情景再現、內在語、對象感，是從備稿到播音使思想感情處於運動狀態的三種重要方法，我們把它們統稱為「內部技巧」。

當稿件中有形象性內容時，我們要在形象感受的基礎上，運用「情景再現」，使播音富於鮮明的形象性；當稿件中有邏輯性內容時，我們要在邏輯感受的基礎上，運用「內在語」，使播音富於嚴謹的邏輯性；「對象感」則幫助我們把稿件更積極、更生動、更清晰、更完美地表達出來，傳播到聽眾（觀眾）的耳朵裡、心目中。

具體感受和整體感受，情景再現、內在語和對象感，在「播講目的」的統率下，使稿件的語言已經變成了播音員自己要說的話，在這種運動狀態下，播音創作才有靈魂，播音語言才有活力。

（一）展開情景再現練習

1. 相關概念

◂ **情景再現：**是播音員在進行播音創作中調動思想感情使之處於運動狀態的重要手段，是具有播音特點的重要術語。那麼，什麼是情景再現呢？就是在符合稿件需要的前提下，以稿件提供的材料為原型，使稿件中的人物、事件、情節、場面、景物、情緒等在播音員腦海裡不斷浮現，形成連續的活動的畫面，並不斷引發相應的態度、感情，這個過程就是情景再現。情景再現的展開必須注意三個問題，以保證情景再現的方向性、豐富性和實用性。

① 一定要以宣傳目的為中心，必須受宣傳目的的引導和制約，不要搞情景再現的展覽。

② 以稿件為依據，使文字語言得到昇華，用播音員的生活經驗對文字語言加以豐富和補充。

③ 以情為主，情景交融。

2. 段子練習

1. 寬闊的自由廣場沐浴在燦爛的陽光中，顯得分外雄偉莊嚴。
2. 啊！祖國明媚的春天，滋潤著我的心田。春光灑遍了人間，春色布滿了河山。
3. 小草偷偷地從土裡鑽出來，嫩嫩的，綠綠的，園子裡，田野裡，瞧去，一大片一大片滿是的。坐著，躺著，打兩個滾，踢幾腳球，賽幾趟跑，捉幾回迷藏，風輕悄悄的，草軟綿綿的。
4. 正在這時，大雨點劈哩啪啦地打下來。
5. 人們在傾聽、傾聽、傾聽著震撼世界的聲音：中華民國成立了！中華人民從此站起來了！

6. 霎時間，海上湧起滔天巨浪，無數海燕，沖天起舞。

7. 天熱得發了狂，太陽一出來，地上已經像下了火。院子裡一點風也沒有，悶得人透不過氣來；柳樹也像得了病，葉子在枝上打著捲兒；馬路上乾巴巴地發著白光，燙著人的腳；真是處處乾燥，處處燙手，處處悶得人喘不過氣來。

8. 別嚷，快看吶！太陽露出頭頂了，太陽露出眉毛和眼睛了，太陽跳出來了，太陽離開了大地，升起來了！升起來了！

（二）發音練習

練習平翹舌發音、咬字。

1. 聲母

◀ ㄅㄧㄆ：補破皮褲子不如不補破皮褲子。

◀ ㄅㄧㄆ：吃葡萄不吐葡萄皮，不吃葡萄倒吐葡萄皮。

◀ ㄉ：會炖我的炖凍豆腐，來炖我的炖凍豆腐，不會炖我的炖凍豆腐，就別炖我的炖凍豆腐。要是混充會炖我的炖凍豆腐，炖壞了我的炖凍豆腐，哪就吃不成我的炖凍豆腐。

◀ ㄌ：六十六歲劉老六，修了六十六座走馬樓，樓上擺了六十六瓶蘇合油，門前栽了六十六棵垂楊柳，柳上拴了六十六個大馬猴。忽然一陣狂風起，吹倒了六十六座走馬樓，打翻了六十六瓶蘇合油，壓倒了六十六棵垂楊柳，嚇跑了六十六個大馬猴，氣死了六十六歲劉老六。

◀ ㄉㄧㄊ：大兔子，大肚子，大肚子的大兔子，要咬大兔子的大肚子。

◀ ㄋㄧㄌ：門口有四輛四輪大馬車，你愛拉哪兩輛來拉哪兩輛。

◀ ㄏ：華華有兩朵黃花，紅紅有兩朵紅花。華華要紅花，紅紅要黃

花。華華送給紅紅一朵黃花，紅紅送給華華一朵紅花。

◀ ㄐ，ㄑ，ㄒ：七巷一個漆匠，西巷一個錫匠，七巷漆匠偷了西巷錫匠的錫，西巷錫匠偷了七巷漆匠的漆。

◀ ㄍㄧㄢ：哥挎瓜筐過寬溝，趕快過溝看怪狗。光看怪狗瓜筐扣，瓜滾筐空哥怪狗。

◀ ㄏㄧㄈ：一堆糞，一堆灰，灰混糞，糞混灰。

◀ ㄗㄧㄓ：隔著窗戶撕字紙，一次撕下橫字紙，一次撕下豎字紙，是字紙，撕字紙，不是字紙，不要胡亂撕一地紙。

◀ ㄙㄕ：三山撐四水，四水繞三山，三山四水春常在，四水三山四時春。

◀ ㄗ，ㄘ，ㄙㄧㄐ，ㄒ：司機買雌雞，仔細看雌雞，四只小雌雞，嘰嘰好歡喜，司機笑嘻嘻。

◀ ㄓ，ㄔ，ㄕ：大車拉小車，小車拉小石頭，石頭掉下來，砸了小腳指頭。

◀ ㄖ：夏日無日日亦寒，春日日出天漸暖，晒衣晒被晒褥單，秋日天高復雲淡，遙看紅日迫西山。

◀ ㄕ（四聲）：石室詩士施史，嗜獅，誓食十獅，氏時時適市，氏視十獅，恃矢勢，使是十獅逝世，氏拾是十獅屍，食時，始識十獅屍實是十石獅屍，試釋是事實。

2. 韻母

◀ ㄚ：門前有八匹大伊犁馬，你愛拉哪匹馬拉哪匹馬。

◀ ㄛ：坡上立著一隻鵝，坡下就是一條河，寬寬的河，肥肥的鵝，鵝要過河，河要渡鵝，不知是鵝過河，還是河渡鵝。

◀ ㄧ：一二三，三二一，一二三四五六七，七個阿姨來摘果，七個花籃兒手中提，七棵樹上結七樣兒，蘋果，桃兒，石榴，柿子，李子，栗子，梨。

◀ ㄨ：鼓上畫隻虎，破了拿布補，不知布補鼓，還是布補虎。

◀ ㄦ：要說「爾」專說「爾」：馬爾代夫，喀布爾；阿爾巴尼亞，扎伊爾；卡塔爾，尼泊爾；貝爾格萊德，安道爾；薩爾瓦多，伯爾尼；利伯維爾，班珠爾；厄瓜多爾，塞舌爾；哈密爾頓，尼日爾；聖彼埃爾，巴斯特爾；塞內加爾的達喀爾；阿爾及利亞的阿爾及爾。

◀ ㄞ：買白菜，搭海帶，不買海帶就別買大白菜。買賣改，不搭賣，不買海帶也能買到大白菜。

◀ ㄟ：貝貝飛紙飛機，菲菲要貝貝的紙飛機，貝貝不給菲菲自己的紙飛機，貝貝教菲菲自己做能飛的紙飛機。

◀ ㄞ一ㄟ：大妹和小妹，一起去收麥。大妹割大麥，小妹割小麥。大妹幫小妹挑小麥，小妹幫大妹挑大麥。大妹小妹收完麥，噼噼啪啪齊打麥。

◀ ㄠ：隔著牆頭扔草帽，也不知草帽套老頭兒，也不知老頭兒套草帽。

◀ ㄡ：忽聽門外人咬狗，拿起門來開開手。拾起狗來打磚頭，又被磚頭咬了手。從來不說顛倒話，口袋馱著騾子走。

◀ ㄢ：出前門，往正南，有個麵鋪面衝南，門口掛著藍布棉門簾。摘了它的藍布棉門簾，麵鋪面衝南，給他掛上藍布棉門簾，麵鋪還是面衝南。

◀ ㄣ：小陳去賣針，小沈去賣盆。倆人挑著擔，一起出了門。小陳喊賣針，小沈喊賣盆。也不知是誰賣針，也不知是誰賣盆。

◀ ㄤ：海水漲，常常漲，常漲常消。

◀ ㄥ：鄭政捧著盞臺燈，彭澎找著架屏風，彭澎讓鄭政扛屏風，鄭政讓彭澎捧臺燈。

◀ ㄤ一ㄢ：張康當董事長，詹丹當廠長，張康幫助詹丹，詹丹幫助張康。

◀ ㄥ一ㄣ：陳莊程莊都有城，陳莊城通程莊城，陳莊城和程莊城，

兩莊城牆都有門。陳莊城進程莊人，陳莊人進程莊城。請問陳程兩莊城，兩莊城門都進人，哪個城進陳莊人，程莊人進哪個城？

◀ ㄤ—ㄥ：長城長，城牆長，長長長城長城牆，城牆長長長城長。

◀ 一ㄚ：天上飄著一片霞，水上飄著一群鴨。霞是五彩霞，鴨是麻花鴨。麻花鴨游進五彩霞，五彩霞挽住麻花鴨。樂壞了鴨，拍碎了霞，分不清是鴨還是霞。

◀ 一ㄝ：姐姐借刀切茄子，去把兒葉子兒斜切絲，切好茄子燒茄子，炒茄子，蒸茄子，還有一碗燜茄子。

◀ 一ㄠ：水上漂著一只表，表上落著一隻鳥。鳥看表，表瞪鳥，鳥不認識表，表也不認識鳥。

◀ 一ㄡ：一葫蘆酒，九兩六。一葫蘆油，六兩九。六兩九的油，要換九兩六的酒。九兩六的酒，不換六兩九的油。

◀ 一ㄢ：半邊蓮，蓮半邊，半邊蓮長在山澗邊。半邊天路過山澗邊，發現這片半邊蓮。半邊天拿來一把鐮，割了半筐半邊蓮。半筐半邊蓮，送給邊防連。

◀ 一ㄣ：你也勤來我也勤，生產同心土變金。工人農民親兄弟，心心相印團結緊。

◀ 一ㄤ：楊家養了一隻羊，蔣家修了一道牆。楊家的羊撞倒了蔣家的牆，蔣家的牆壓死了楊家的羊。楊家要蔣家賠楊家的羊，蔣家要楊家賠蔣家的牆。

◀ 一ㄥ：天上七顆星，樹上七隻鷹，梁上七個釘，臺上七盞燈。拿扇扇了燈，用手拔了釘，舉槍打了鷹，烏雲蓋了星。

◀ ㄨㄚ：一個胖娃娃，畫了三個大花活蛤蟆。三個胖娃娃，畫不出一個大花活蛤蟆。畫不出一個大花活蛤蟆的三個胖娃娃，真不如畫了三個大花活蛤蟆的一個胖娃娃。

◀ ㄛ：狼打柴，狗燒火，貓兒上炕捏窩窩，雀兒飛來蒸餑餑。

◀ ㄨㄞ一ㄞ：槐樹槐，槐樹槐，槐樹底下搭戲臺，人家的姑娘都來

了，我家的姑娘還不來。說著說著就來了，騎著驢，打著傘，歪著腦袋上戲臺。

ㄨㄟ：威威、偉偉和衛衛，拿著水杯去接水。威威讓偉偉，偉偉讓衛衛，衛衛讓威威，沒人先接水。一二三，排好隊，一個一個來接水。

ㄨㄤ：王莊賣筐，匡莊賣網，王莊賣筐不賣網，匡莊賣網不賣筐，你要買筐別去匡莊去王莊，你要買網別去王莊去匡莊。

ㄨㄥ：沖沖栽了十畦蔥，鬆鬆栽了十棵松。沖沖說栽松不如栽蔥，鬆鬆說栽蔥不如栽松。是栽松不如栽蔥，還是栽蔥不如栽松？

ㄨㄢ—ㄨㄤ：那邊划來一艘船，這邊漂去一張床，船床河中互相撞，不知是船撞床，還是床撞船。

ㄨㄢ—ㄢ：大帆船，小帆船，豎起桅杆撐起船。風吹帆，帆引船，帆船順風轉海灣。

ㄨㄣ—ㄣ：孫倫打靶真叫準，半蹲射擊特別神，本是半路出家人，摸爬滾打練成神。

ㄩㄝ：真絕，真絕，真叫絕，皓月當空下大雪，麻雀游泳不飛躍，鵲巢鳩占鵲喜悅。

ㄩㄣ：軍車運來一堆裙，一色軍用綠色裙。軍訓女生一大群，換下花裙穿綠裙。

ㄩㄢ：圓圈圓，圈圓圈，圓圓娟娟畫圓圈。娟娟畫的圈連圈，圓圓畫的圈套圈。娟娟圓圓比圓圈，看看誰的圓圈圓。

ㄩㄥ：小湧勇敢學游泳，勇敢游泳是英雄。

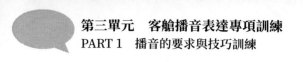

PART 2

客艙播音的要求與技巧

一、客艙播音的類型

　　客艙廣播是為旅客服務的，按照性質包括服務和安全兩部分。服務方面：透過廣播讓旅客了解此次航班的航程、時間，途經的省市和山脈、河流，還有一些服務項目等。安全方面：首先是正常的安全檢查，在起飛和落地前都會廣播提醒旅客；其次還有特殊情況和突發事件，都會透過廣播讓旅客了解。一般來說，按照客艙播音的內容來劃分可包括以下幾種類型：

（一）迎、送致辭

　　這種播音主要是歡迎和歡送乘客上下飛機常用的播音。要求語言清晰、親切。

　　［播音詞］
　　先生，小姐們：
　　歡迎您乘坐中華航空公司 ＿＿＿＿ 航班由 ＿＿＿＿ 前往 ＿＿＿＿（中途降落 ＿＿＿＿）。由 ＿＿＿ 至 ＿＿＿＿ 的飛行距離是 ＿＿＿＿ 公里，預計空中飛行時間是 ＿＿＿＿ 小時 ＿＿＿＿ 分，飛行高度 ＿＿＿＿ 公尺，飛行速度平均每小時 ＿＿＿＿ 公里。
　　為了保障飛機導航及通訊系統的正常工作，在飛機起飛和下降過程中請不要使用手提式電腦，在整個航程中請不要使用手提電話、遙控玩具、電子遊戲機、雷射唱機和電音頻接收機等電子設備。
　　飛機很快就要起飛了，現在由客艙空服員進行安全檢查。請您坐好，繫好安全帶，收起座椅靠背和餐桌。請您確認您的手提物品是否妥善安放在頭頂上方的行李架內或座椅下方。（本次航班全程禁菸，在飛行途中請不要抽菸。）
　　本次航班的座艙長將協同機上 ＿＿＿＿ 名空服員竭誠為您提供及時周到

的服務。

謝謝！

（二）客艙安全介紹

主要是對飛機上的注意事項的介紹，如對氧氣罩、安全帶、應急出口的使用與位置介紹等。要求語言莊重、規範、清晰流暢。

［播音詞］

女士們，先生們：

你們好！現在由客艙空服員向您介紹救生衣、氧氣罩、安全帶的使用方法及緊急出口位置。（配合演示或影像）

救生衣在您座椅下面的口袋裡。使用時取出，經頭部穿好，將帶子扣好繫緊。然後打開充氣閥門，但在客艙內不要充氣。充氣不足時，請將救生衣上部的兩個充氣管拉出用嘴向裡充氣。

氧氣面罩儲藏在您的座椅上方，發生緊急情況時，面罩會自動脫落。氧氣罩脫落後，要立即將煙熄滅，然後用力向下拉面罩。請您將面罩罩在口鼻處，把帶子套在頭上進行正常的呼吸。

在您座椅上備有兩條可以對扣起來的安全帶，當飛機在滑行、起飛、顛簸和著陸時，請您繫好安全帶。解開時，先將鎖口打開，然後拉開連接片。

本架飛機共有 4 個緊急出口，分別位於前部、後部和中部以及上艙，在客艙通道上以及出口處裝有緊急照明指示燈，在緊急脫離時請按指示路線撤離。在您座椅背後的口袋內備有安全說明書，請您儘早閱讀。

（三）航線及注意事項介紹

這種播音詞是客艙播音中最為普遍的，需要熟練掌握。

［播音詞］

女士們，先生們：

我們的飛機已經離開 _____ 前往 _____。在這條航線上，我們將飛越的省份有 _____，城市有 _____，河流有 _____，山脈有 _____。

您現在乘坐的這架飛機是 _____ 公司製造的 _____ 型客機，能夠容納 _____（148 或 152）名乘客。在您座位上方備有閱讀燈、通風孔以及服務鈴。

清潔袋在您座椅前面的口袋裡，供您放置雜物以及嘔吐時使用。洗手間位於客艙前部及尾部，當安全帶指示燈亮時，洗手間暫停使用。請您全程不要在客艙及洗手間內抽菸。

在這段旅程中，我們為您準備了正餐、點心及飲料，供餐時我們將廣播通知您。

為確保大家旅途安全，順利到達目的地，請您在飛機滑行、起飛、降落和顛簸期間，在座位上坐好，繫好安全帶，不要開啟行李架，以免行李滑落，砸傷其他旅客。多謝您的合作。

祝您旅途愉快、身體健康！謝謝！

（四）景色風光導入

這種情況下的播音要準確恰當、有時代感。因為乘坐飛機的大部分旅客並不會經常乘坐同一航線飛機，他們來自不同地區和國家，在飛行中常常會對途經的地方感興趣，因此空服人員經常需要承擔導遊的角色，主動介紹途經的名勝古蹟。

［播音詞］

各位乘客：

大家好！我們的飛機還有兩分鐘就要飛越世界七大奇蹟之一——中國的萬里長城。

據說，飛向太空的太空人曾經報告說，從遙遠的月球觀察地球，能夠辨認出的人類工程只有兩個，其中一個就是中國的萬里長城。雄偉的萬里長城是中國古代人民創造的世界奇蹟之一，也是人類文明史上的一座豐碑。它以悠久的歷史、浩大的工程、雄偉的氣魄著稱於世，被譽為世界的奇蹟。

長城始建於春秋戰國時期，至今已有兩千多年的歷史了。它西起中國西部甘肅省的嘉峪關，東到河北省的山海關，全長 6,700 公里。長城是稀世珍寶，也是藝術非凡的文物古蹟，象徵著中華民族堅不可摧、永存於世的意志與力量。

（五）特殊情況播音

要求鎮定、自信。遇到氣流飛機顛簸、飛機延誤、備降等情況時，空服員的播音一定要及時、自信、沉穩。平和的播音能夠有效減輕乘客的恐慌心態，很好地樹立起航空公司的良好形象。例如一次由臺北飛往北京的航班，途經杭州時，飛機顛簸長達 10 多分鐘，客艙裡一片驚呼聲，可直到顛簸結束，才有空服員進行播音，解釋剛才是因為杭州天降大雨，雲層很厚導致的。這種事後諸葛亮的做法無疑使其全程服務水準大打折扣。

［播音詞］

1. 女士們，先生們：

現在飛機遇到氣流，有些顛簸，為了您的安全，請您在座位上坐好，繫好安全帶，謝謝合作。

2. 女士們，先生們：

由於北京正降大雪，本次航班將在 13:20 備降太原國際機場。請您收好餐桌，繫好安全帶，空服組對飛機備降給您帶來的不便深感抱歉，謝謝合作。

━ 案例 ━

　　某次航班上，來了一位吸著氧氣的老太太。為了老太太的乘機安全，航空公司專門請來醫生幫老太太體檢，醫生最後證明老太太適合搭機。下午 3 點多鐘，老太太被順利送回，病症得到明顯減輕。

　　當天 12 點 30 分，該航班旅客正在登機，這次航班上共有 3 個旅行團，在最後一個團的旅客中，座艙長發現有一位老太太鼻子上插著氧氣管，手裡捧著氧氣包，臉色蒼白，由老伴攙扶著登上飛機。座艙長急忙將老兩口扶到最前排的座位上，關切地詢問老人的身體狀況。原來老太太和老伴於 3 天前參加旅遊團，在到達的當天就因為高山症而病倒了。經過當地醫療機構治療後，已經脫離了危險，但身體仍舊非常虛弱。當老太太感覺稍好一點時，就打算跟著原來的旅行團返回。空服組非常理解老人的心情，也希望能迅速將老人送回做進一步治療，但是考慮到老人高齡加疾病的狀況，能否適應高空特殊環境還是一個問題。按照民航相關規定，這種情況的旅客需要有醫生的證明才能乘坐飛機。此時飛機馬上要起飛了，讓機場醫生前來為老太太檢查勢必延誤航班，是等待老太太體檢還是拒絕老太太乘機？機長果斷地決定先通知醫生前來檢查，同時讓座艙長透過客艙廣播將情況告知旅客，徵求旅客的意見，希望旅客理解、配合。廣播進行了三遍，大家都紛紛表示支持機長的決定，願意等待。10 多分鐘後，醫生趕到現場，為老太太仔細做了檢查，並詢問了老太太的病史。經過綜合分析，醫生認為老太太乘坐飛機不會有太大的風險，並替她開具了可乘機證明。飛機終於能起飛了，老太太在空中得到空服組細緻入微的照顧，雖然耽誤了大家一些時間，但所有旅客始終沒有怨言。

下午 3 點多鐘，飛機順利抵達機場。走下飛機的時候，老太太氣色明顯好轉，病症也減輕了不少。

（六）節日活動播音

現代客艙服務更講求豐富多彩。遇到特殊節假日時，空服員還要籌備一下活動，客串主持人的角色，如春節、中秋節等。這時的播音語言要熱情，具有鼓動性。如某航班飛行時間恰逢除夕，飛機座艙長讓機長在零時按三下鈴聲引起旅客注意，然後拿起廣播器向旅客廣播：「今天是農曆大年三十，是華人的傳統節日，在這合家歡樂的時刻，在這上萬公尺高空，我代表機組全體成員祝大家新年快樂，萬事如意！」

── 案例

某空服組在長沙至烏魯木齊的航班上與 112 名旅客「上萬公尺高空賞明月」，舉辦了有獎成語接龍、詩歌聯唱活動，使 4 個半小時的航程不再寂寞。這些來自五湖四海的賓客歡聚一堂，在離月亮最近的地方舉杯向親人遙寄中秋祝福，將原本沉寂的航程演繹得豐富多彩。

「明月幾時有，把酒問青天，不知天上宮闕，今夕是何年……」空服員一曲纖細優美的扇子舞喚醒了節日的氣氛，熱烈的掌聲中主持人翩翩出場：「各位旅客朋友，我們來自五湖四海，能在中秋節相聚在客艙共度佳節真是緣分。在這美好的月圓時刻，一起來一個帶『月』字的成語接龍怎麼樣啊……」「日新月異！」「長年累月！」「海底撈月！」「披星戴月！」「流星趕月！」大家興致勃勃地搶著回答。

「咱們中華民族的古老風俗是吟詩賞月，下面是搶答環節，我說上半句詩，您對下半句，搶答對的有禮物哦。」「床前明月光……」「疑是地上霜！」空服員話音還沒落，一個小女孩就搶著回答了，媽媽幫助按響了

服務鈴。「真棒！送妳一份小禮物吧！」小女孩手裡拿著一塊巧克力高興地跳回了座位。「花前一壺酒，獨酌無相親，舉杯邀明月……」「對影成三人！」一位女士搶答道。大家向她投去豔羨的目光，她得到了一份包裝精美的月餅。

　　「各位旅客你們好，節日快樂！我是本次航班的機長，本架飛機現在的飛行高度為 10,200 公尺，可以說我們正在離嫦娥很近的地方，值此中秋佳節之際，我謹代表全體機組成員向大家表示節日的祝賀，祝願大家合家團圓，萬事如意！」聽著機長熱情洋溢的祝福廣播，品嘗著空服員送來的月餅，大家共同舉杯歡慶佳節。空服員又不失時機地向大家娓娓道來嫦娥奔月的故事，介紹月餅的起源和各地的中秋風俗。一個來自美國的金髮碧眼小女孩用標準的中文激動地說：「我們一家一直都很喜歡中國，中華傳統的文化讓我們著迷，今天的節日真有意思，我也喜歡過中秋節。」不知什麼時候，有旅客在意見本上寫道：「今天是我乘坐的最好的一次航班，空服員的微笑和熱情打動了我的心，讓我感到了家的溫馨，這個中秋節在飛機上過得很有意思！」

///. 乘機常識 3 //

孕婦、老人、嬰幼兒不宜乘坐飛機

　　醫學研究顯示，孕婦、老人、嬰幼兒都不太適合乘坐飛機。不過，專家也指出，懷孕 36 週以內的孕婦，只要經過醫師評估，還是可以搭乘飛機的。但是，期間應定時做腿部運動，促進血液循環，同時繫好安全帶。

　　有心血管疾病例如高血壓、心臟病的老年人，應盡量避免搭飛機旅行。患有上述疾病卻不得不搭乘飛機時，專家建議可以試著爬一層樓梯看看，若沒有出現任何不適的狀況，應該無妨；但仍應請醫師評估，同時請教如何克服時差問題，以方便調整用藥時間。

　　高空低氧的環境也不適宜嬰兒，不少航空公司規定嬰兒必須出生滿14天後才能乘機，以免呼吸器官無法適應。年紀稍長的兒童，則因為中耳、耳咽管等比較敏感，輕者易造成耳朵不適，重者容易暈機，父母可引導兒童用鼓氣、吞口水等方式來避免不良反應。

乘機常識 4

近期動過手術、中耳炎患者最好避免乘坐飛機

　　近期內曾動過手術（例如眼球手術）的人，或者患有出血性胃潰瘍、中耳炎者，不適宜搭乘飛機。專家指出，動過手術後，手術部位的恢復程度不一，最好避免搭乘飛機以防萬一；而中耳炎患者容易暈機。

　　此外，從航空醫學和維護旅客健康的角度看，患有下列病症的旅客一般也不適宜乘坐飛機：處於搶救狀態的休克、昏迷、顱內壓增高等；顱腦損傷、顱骨骨折伴有昏迷或呼吸節律不整者，腦的炎症、腫瘤和近期做過氣腦者；重度心力衰竭、心肌炎病後一個月以內，六週內曾發生心肌梗塞，近期心絞痛頻繁發作，嚴重心律失常者；腦血管意外病後兩週內，高血壓病患收縮壓超過 24kPa（180mmHg）、舒張壓超過 17.4kPa（130mmHg）者；重支氣管氣喘、肺結核空洞、肺氣腫、肺功能不全的肺心病，大縱膈腫瘤、先天性肺囊腫、肺葉切除者；近期患自發性氣胸、血氣胸、滲出型胸膜炎伴有呼吸功能障礙者；重度貧血、外傷性大出血、血紅蛋白在 60G/L 以下者；急性闌尾炎，潰瘍面很深的胃腸道潰瘍，特大腫瘤，腸梗阻，顱腦、腹部、眼球等臟器或組織損傷伴有積氣者；骨折用管型石膏固定和吊重錘牽引者；腹部手術後不足 48 小時者；破傷風患者；嚴重中耳炎伴有耳咽管堵塞，嚴重鼻竇炎伴有鼻腔通氣障礙者；固定下頜骨手術者；愛滋病和國家規定的一、二類傳染病；狂躁型精神病、癲癇病；酒醉或麻醉品及其他毒品中毒者；帶有嚴重咳血、吐血、出血及呻吟症狀的病患；面部嚴重創傷、有特殊情況可能引起其他旅客厭惡者。

二、常用的客艙廣播詞播音訓練

（一）國內航班（全程）廣播詞

1. 歡迎詞（中文譯文與 81 頁「播音詞」同）

Good morning (afternoon, evening), Ladies and Gentlemen:

Welcome aboard_____ Airlines Flight_____ to_____ (via_____). The distance between_____ and_____ is_____be flying at an altitude of _____meters and the average speed is_____kilometers. Our flight will take _____hours and _____minutes. We will kilometers per hour.

In order to ensure the normal operation of aircraft navigation and communication systems, passengers are not allowed to use mobil phones, remote-controlled toys, and other electronic devices throughout the flight and the laptop computers are not allowed to use during take off and landing.

We will take off immediately. Please be seated, fasten your seat belt, and make sure your seat back is straight up, your tray table is closed and your carry-on items are securely stowed in the overhead bin or under the seat in front of you. This is a non-smoking flight, please do not smoke on board.

The chief purser _____with all your crew embers will be sincerely at your service. We hope you enjoy the flight! Thank you!

2. 起飛後廣播

女士們，先生們：

我們的飛機已經離開 _____ 前往 _____，沿這條航線，我們飛經的

省份有 _____，經過的主要城市有 _____，我們還將飛越 _____。
在這段旅途中，我們為你準備了早（中、晚）餐。供餐時我們將廣播
通知您。

下面將向您介紹客艙設備的使用方法：

今天您乘坐的是 _____ 型飛機。
您的座椅靠背可以調節，調節時請按座椅扶手上的按鈕。在您前方座
椅靠背的口袋裡有清潔袋，供您扔置雜物時使用。
在您座椅的上方備有閱讀燈開關和呼叫按鈕。如果您需要空服員的幫
助，請按服務鈴。
在您座位上方還有空氣調節設備，如果需要新鮮空氣，請轉動通
風口。
洗手間在飛機的前部和後部。在洗手間內請不要抽菸。

Ladies and Gentlemen:
We have left _____for _____. Along this route, we will be flying over
the provinces of _____, passing the cities of _____, and crossing over
the _____.
Breakfast(Lunch, Supper) has been prepared for you. We will inform you
before we serve it.
Now we are going to introduce to you the use of the cabin installations.
This is a _____aircraft.
The back of your seat can be adjusted by pressing the button on the arm
of your chair.
The call button and reading light are above your head. Press the call but-
ton to summon a flight attendant.
The ventilator is also above your head. By adjusting the airflow knob,
fresh air will flow in or be cut off.

Lavatiories are located in the front of the cabin and in the rear. Please do not smoke in the lavatories.

3. 餐前廣播

女士們，先生們：

我們將為您提供餐點（點心餐）、茶水、咖啡和飲料。歡迎您選用。
需要用餐的旅客，請您將餐桌放下。

為了方便其他旅客，在供餐期間，請您將座椅靠背調整到正常位置。
謝謝！

Ladies and Gentlemen:

We will be serving you meal with tea, coffee and other soft drinks. Welcome to make your choice.

Please put down the tray table in front of you. For the convenience of the passenger behind you, please return your seat back to the upright position during the meal service. Thank you!

4. 意見卡

女士們，先生們：

歡迎您乘坐 ＿＿＿＿ 航空公司航班，為了幫助我們不斷提升服務品質，
敬請留下寶貴意見，謝謝您的關心和支持！

Good morning (afternoon, evening), Ladies and Gentlemen:

Welcome aboard ＿＿＿＿＿Airlines. Comments from you will be highly valued in order to improve our service. Thanks for your concern and support.

5. 預定到達時間廣播

女士們，先生們：
本架飛機預定在 ＿＿＿＿ 分鐘後到達 ＿＿＿＿ 機場，地面溫度是 ＿＿＿＿。謝謝！

Ladies and Gentlemen:
We will be landing at ＿＿＿＿Airport in about ＿＿＿＿minutes. The ground temperature is ＿＿＿＿degrees Celsius. Thank you!

6. 下降時安全檢查廣播

女士們，先生們：
飛機正在下降。請您回原位坐好，繫好安全帶，收起餐桌，將座椅靠背調整到正常位置。所有個人電腦及電子設備必須處於關閉狀態。請確認您的手提物品是否已妥善安放。稍後，我們將調暗客艙燈光。謝謝！

Ladies and Gentlemen:
Our plane is descending now. Please be seated and fasten your seat belt. Seat backs and tables should be returned to the upright position. All personal computers and electronic devices should be turned off. And please make sure that your carry-on items are securely stowed. We will be dimming the cabin lights for landing. Thank you!

7. 到達終點站

女士們，先生們：
飛機已經降落在 ＿＿＿＿ 機場，本地時間為 ＿＿＿＿，外面溫度為攝氏 ＿＿＿＿ 度。飛機正在滑行，為了您和他人的安全，請先不要站起來或

打開行李架。等飛機完全停穩、繫緊安全帶指示燈熄滅後，請您再解開安全帶，整理好手提物品準備下飛機。從行李架裡取物品時，請注意安全。您交運的行李請到行李提取處領取。需要在本站轉乘飛機到其他地方的旅客請到候機室中轉櫃臺辦理。

感謝您選擇 ＿＿＿＿ 航空公司班機！下次旅途再會！

Ladies and Gentlemen:

Our plane has landed at ＿＿＿＿Airport. The local time is ＿＿＿＿. The temperature outside is ＿＿＿＿degrees Celsius (＿＿＿＿degress Fahrenheit). The plane is taxiing. For your safety, please stay in your seat for the time being. When the aircraft stops completely and the Fasten Seat Belt sign is turned off, please detach the seat belt, take all your carry-on items and disembark (please detach the seat belt and take all your carry-on items and passport to complete the entry formalities at the terminal). Please use caution when retrieving items from the overhead compartment. Your checked baggage can be claimed in the baggage claim area. The transit passengers please go to the connection flight counter in the waiting hall to complete the procedures.

Welcome to ＿＿＿＿(city). Thank you for selecting ＿＿＿＿Airlines for your travel today and we look forward to serving you again. Wish you a pleasant day. Thank you!

8. 旅客下飛機廣播

女士們，先生們：

本架飛機已經完全停穩，請您從前（中，後）登機門下飛機。謝謝！

Ladies and Gentlemen:

The plane has stopped completely. Please disembark from the front (middle, rear) entry door. Thank you!

9. 延誤後落地廣播

女士們，先生們：

本架飛機已經降落在 ＿＿＿＿ 機場，外面的溫度為攝氏 ＿＿＿＿ 度，華氏 ＿＿＿＿ 度。

飛機還將繼續滑行，請您仍坐在座位上，不要起立，繫好安全帶。安全帶指示燈熄滅後請帶好您的全部手提物品（護照、證件和 ＿＿＿＿）準備下飛機。您交運的行李請憑行李牌到候機室出口處領取。

需從本站轉乘飛機到其他地方去的乘客，請到候機室辦理換乘手續。

各位乘客，感謝您乘坐 ＿＿＿＿ 航空公司班機，由於 ＿＿＿＿ 原因，耽誤了您的旅行，我代表全體機組人員在此向您深表歉意，並歡迎您再次乘坐我們的航班。

女士們，先生們，我們下次旅途再見。

謝謝！

Ladies and Gentlemen:

We have just landed at ＿＿＿＿Airport. The outside temperature is＿＿＿＿ degrees Celsius, ＿＿＿＿degrees Fahrenheit. The plane is still taxiing. Please remain in your seat, with your seat belt fastened, until the seat belt light turned off. When you see the seat belt sign turned off, please take all your carry-on items (passport, documents and ＿＿＿＿) and prepare to disembark. Please ensure that you have your luggage label with you when you claim your luggage from the baggage hall.

Would all passengers transferrring to other cities please proceed to the transit check-in desk in the waiting hall?

Owing to ＿＿＿＿, we are ＿＿＿＿hours/minutes behind schedule. On behalf of the whole crew, I would like to offer our sincere apologies. Thank you for flying with _____Airlines. We look forward to flying with you again.

Thank you.

10. 夜間飛行

女士們，先生們：

為了保證您旅途中得到良好的休息，我們將調暗客艙燈光；為了防止氣流變化引起突然顛簸，請您在睡覺期間繫好安全帶。如果您需要我們幫助，請按服務鈴；如果要看書，請打開閱讀燈（按鈕在您座位上方）。請保持客艙安靜！

謝謝！

Ladies and Gentlemen:

To allow passengers to rest, we will be dimming the cabin lights. In case we should experience air turbulence, please ensure that your seat belt is fastened before you go to sleep. If you should need any assistance, please press the call button. Should you wish to read, please switch on the reading light by pressing the button located above you head. Would you please show consideration for those wishing to sleep ?

Thank you.

11. 首航歡迎詞

女士們，先生們：

早上（中午 / 晚上）好！

我代表全體機組人員歡迎您乘坐 _____ 航空 _____ 首航班機飛往 _____。

今天，我們能有機會為您服務，感到非常高興，願我們的服務給您的旅程增添一份溫馨和歡樂。

現在空服員進行客艙安全檢查，請您協助我們收起您的餐桌、調直座椅靠、打開遮陽板，並請您坐好，繫好安全帶。

本次航班為禁菸航班，在客艙和盥洗室內禁止抽菸。嚴禁損壞、破壞盥洗室內的煙霧探測器。

謝謝！

Ladies and Gentlemen:

Good morning/afternoon/evening!

On behalf of all the crew, I'd like to welcome you aboard _____maiden flight _____to _____.

We're delighted to be at your service and hope we can make this a very special flight.

The cabin attendants are now carrying out a cabin safety inspection. Would you please assist them by ensuring that your table is folded away，your seat is in the up right position and the blind is fully open? Please re-main in your seat, with the seat belt fastened.

This is a non-smoking flight. Smoking, in either the cabin or the toilets, is forbidden. It is strictly forbidden to tamper with the smoke detectors in the bathroom.

Thank you.

（二）關於播音詞的補充說明

雖然客艙服務規範一致，但由於航空公司不同，服務特色有所區別，播音詞多少也有一些差異，而且播音詞還可以根據現場情況靈活變通。客艙中緊急情況下的播音常常由座艙長親自播音。

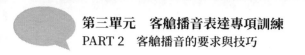
試將以下播音詞與上文廣播詞比較異同並練習。

1. 客艙安全檢查

女士們，先生們：
現在由客艙空服員進行安全檢查。請各位旅客在自己座位上坐好，繫好安全帶。請收起您座位前的餐桌（以及腳踏板），調直您的座位靠背。請不要在客艙內來回走動。您的大件物品請放在座椅下面。請不要把行李堆放在走廊、通道以及緊急出口處。
靠窗的乘客請您打開遮陽板。謝謝您的協助！

Ladies and gentlemen：
May I have your attention, please?
We will be taking off in a few minutes, please be seated and fasten your seat belt. (Please stow you footrest.) Your seat back and tray table should be returned to their upright position.
You may keep large or fragile items under the seat in front of you. Please keep the aisle and the exits clear of baggage.
Passengers near the window, please open your window blind.
Thank you for cooperation.

2.（起飛前）再次確認

女士們，先生們：
飛機馬上就要起飛了，請您再次確認您的安全帶是否繫好，您的手機是否置於關閉狀態。
謝謝！

Ladies and gentlemen：

May I have your attention, please?

Aircraft is now going to take off. Please remain seated and make sure that your seat belt is securely fastened and turn your cell phones to "off" position.

Thank you for your attention.

3. 客艙介紹及供餐廣播

女士們，先生們：

我們的飛機已經離開 ＿＿＿ 前往 ＿＿＿，飛行距離 ＿＿＿ 公里，預計空中飛行時間 ＿＿＿ 小時 ＿＿＿ 分鐘。在今天的航程中，我們飛越的省份有 ＿＿＿，經過的城市有 ＿＿＿。如果天氣晴朗，您還可以看到 ＿＿＿。您乘坐的這架飛機是由 ＿＿＿ 公司製造的 ＿＿＿ 型飛機。客艙布局為 ＿＿＿ 座，其中頭等艙（商務艙）＿＿＿ 座。在您的座位上方設有閱讀燈、服務鈴和通風口，調節座椅靠背時請按扶手內側的按鈕。因本架飛機的 ＿＿＿ 排和 ＿＿＿ 排為緊急窗口，所以 ＿＿＿、＿＿＿ 排座椅的扶手內側不設座椅靠背調節鈕。客艙內共設三個洗手間，前艙一個，後艙兩個，前洗手間僅供頭等艙旅客使用。今天為您駕駛飛機的機長是 ＿＿＿，他已經安全飛行了 ＿＿＿ 公里。大約再過 ＿＿＿ 分鐘，飛機開始平穩飛行，屆時我們將為您提供飲料和熱早餐（午餐、晚餐、點心餐）服務，我們提供的飲料有咖啡、茶水、可樂、橙汁、礦泉水等。早餐（午餐、晚餐、點心餐）有 ＿＿＿（品種）供您選擇。需要特殊餐點的旅客請您提前和空服員聯繫。

謝謝！

Ladies and gentlemen：

we have left ＿＿＿for ＿＿＿. The distance from ＿＿＿to＿＿＿is ＿＿＿kilometers. During this flight, we will fly across＿＿＿provinces, and fly over _____. If it is a sunny day, you will see _____.

You are now taking _____which is made by _____and totally has_____seats including _____seats in first (business) class. Over your seats there are reading light, call button and air vent. If you want to adjust your seat back, you can push the adjust button on the armrest. There are 3toilets in this plane. The one in the front cabin is only for passengers seated in first class.

The captain today is _____, and he has flown _____hours safely. This plane will cruise in a few minutes, then we will serve you drinks and meal. We have coffee, tea, cola, orange, juice and meal. We have _____ and_____for breakfast(lunch, dinner). Passengers who need special meal please contact with us before the meal time.

4. 落地前 20 分鐘時間提示廣播

女士們，先生們：

現在是臺北時間 _____，我們的飛機大約在 _____ 分鐘後到達 _____ 機場。根據現在收到的氣象報告，_____ 的天氣為晴（多雲、有雨、雪），地面溫度攝氏 _____ 度（華氏 _____ 度）。需要整理衣物的旅客請您提前做好準備。謝謝！

Ladies and Gentlemen:

Now is _____Taipei time. We will land at _____Airport in_____minutes.

We have got information of the destination: It is sunny (cloudy, rainy, snowy), the ground temperature is_____°C(_____°F). Passengers who want to change clothes, please get ready before disembarking.

Thank you!

（三）航空用英語單字

1. aircraft 航空器，飛機
2. belly 機腹
3. nose gear 鼻輪
4. retractable landing gear 伸縮起落架
5. rudder 方向舵
6. propeller 推進器
7. wing 機翼
8. fuel 油料
9. tank 油箱
10. radar 雷達
11. fuselage 機身
12. break-in area 逃生窗
13. undercarriage bay 貨艙
14. air brake 減速板
15. panel 儀表板
16. flight deck(cockpit) 駕駛艙
17. galley （船或飛機上的）廚房
18. seat belt 安全帶
19. slide 充氣滑梯（逃生用）
20. survival kit(first-aid kit) 救生用品
21. water extinguisher 滅火器
22. dry chemical extinguisher 乾粉滅火器
23. latch 栓子
24. tray table 餐桌
25. smoke hood 防煙面罩
26. waste bin 垃圾桶

27. grab handle 扶手

28. sink 水槽

29. observers seat 觀察位 (前艙)

30. telescopic viewer 門孔

31. soap dispenser 給皂器

32. bassinet （一端有篷的）嬰兒搖籃

33. ditching 水上迫降

34. water evacuation 水上逃生

35. land evacuation 陸上逃生

36. axe 斧頭 (在駕駛艙)

37. trolly 餐車

38. torch 手電筒

39. armrest 扶手

40. reading light 閱讀燈

41. call button 服務鈕

42. air traffic control 航路管制

43. control tower 塔臺

44. operation &dispatcher 簽派員

45. cruize 平航

46. runway 跑道

47. taxiway 滑行道

48. I.D.L 國際換日線

49. time zone 時區

50. estimated time of arrival (ETA) 預計到達時間

51. estimated time of departure (ETD) 預計起飛時間

52. apron 圍裙

53. jet lag 飛機時差症候群

54. tail wind 順風

55. head wind 逆風

56. jetway(jet bridge) 航空旅客橋，空橋

57. crew 機組人員

58. infant 嬰兒

59. unaccompanied minor(UM) 沒有家長同行的小孩

60. briefing 任務提示

61. home base 基地

62. pilot(captain) 機長

63. co-pilot(first officer) 副機長

64. clear air turbulence ［氣］晴空湍流

65. air current 氣流

66. non-endorsable 禁止轉讓（票）

67. standby 地面待命；後備人員

68. stop-over 中站停留

69. layover 外站過夜

70. refueling stop 加油停留

71. transit passenger 轉機旅客

72. waiting lounge 候機室

73. baggage inspection 行李檢查

74. hand baggage 手提行李

75. unaccompanied baggage 託運行李

76. the customs 海關

77. quarantine 檢疫

78. immigration 移民局

79. baggage tag 行李標籤

80. connection 班機接駁

81. destination 目的地
82. free baggage allowance 行李重量限制
83. general declaration 艙單
84. load factor 載客率
85. on-time performance 準點率
86. LOST-AND-FOUND 失物招領
87. confirmation 確定
88. reissued ticket 重開的票
89. passenger manifest 旅客名單
90. wheelchair 輪椅
91. ground staff 地勤人員
92. take off 起飛
93. life vest 救生衣
94. nonstop flight 直飛班機
95. immigration card 入境表格
96. terminal 航空站
97. hijack 劫機
98. demonstration 示範
99. evacuate 疏散
100. traffic congestion 航路擁擠

模擬練習

■ 一、模仿下列情節，擬寫廣播詞並練習

「空服員，快來，快來！怎麼辦呀！」忽然，一陣倉促的呼喊聲中斷了空服員的送水工作。趕過去，發現原來是一位帶著兩個孩子的母親在求助，她懷中還不足 3 歲的孩子突然出現異常狀況：抽搐、呼吸困難。

聞訊趕到的座艙長趕緊掐住孩子的人中，此時孩子臉色已開始發紫。「廣播找醫生，拿氧氣瓶來。」座艙長發出指令。客艙內的氣氛瞬間緊張起來。空服員拿起身邊的話筒，向客艙裡發出求助。萬幸的是，這次航班中不但有醫生，還不止一位，當時有四位醫生聽到廣播後迅速加入到這次搶救行動中。「氧氣瓶、冰塊、毛巾、聽診器……」按照醫生的要求，空服組迅速準備了機上的急救設備。就這樣，在四名醫生和我們這些「臨時護士」共同搭建的「空中急救中心」裡，大家再一次聽見了孩子啼哭的聲音。

但一切遠沒有就此結束。孩子是因為高燒才引起的症狀，因此急需服藥以確保孩子鎮定而不會再次抽搐。由於機上所配急救藥品中沒有針對孩子高燒抽搐的藥品，搶救陷入了困境。於是，空服組開始第二次廣播尋找藥品。

待廣播發出後，機上的旅客紛紛拿出隨身攜帶的藥品。沒一會兒的工夫，消炎、解熱鎮痛類的藥品，凡是能夠找到的都一併送來。醫生經過一一確認找到了對症的藥，將其碾磨成粉，加入糖後沖成水劑，給孩子服下。經過一番折騰，孩子也睏了，於是空服組從頭等艙拿來了枕頭和小被子為他安排了一個舒適的小床。看著他安然熟睡的樣子，所有人都長長地舒了口氣。

■二、名勝播音練習

1. 故宮

故宮，又稱紫禁城，是明清兩代的皇宮，為中國現存最大最完整的古建築群。無與倫比的古代建築傑作紫禁城占地 72 萬多平方公尺，共有宮殿 9,000 多間，都是木結構、黃琉璃瓦頂、青白石底座，飾以金碧輝煌的彩畫。這些宮殿是沿著一條南北向中軸線排列，並向兩旁展開，南北取直，左右對稱。這條中軸線不僅貫穿在紫禁城內，而且南達永定門，北到鼓樓、鐘樓，貫穿了整座城市，氣勢宏偉，規畫嚴整，極為壯觀。建築學家們認為故宮的設計與建築，實在是一個無與倫比的傑作，它的平面布局、立體效果，以及形式上的雄偉、堂皇、莊嚴、和諧，都可以說是罕見的。它象徵著中國悠久的文化傳統，顯示著五百多年前匠師們在建築上的卓越成就。

2. 東方明珠廣播電視塔

東方明珠廣播電視塔坐落於黃浦江畔浦東陸家嘴嘴尖上，與外灘的萬國建築博覽群隔江相望。塔高 468 公尺，位居亞洲第一、世界第三的高塔和左右兩側的南浦大橋、楊浦大橋一起，形成雙龍戲珠之勢，成為上海的象徵。設計者富於幻想地將十一個大小不一、高低錯落的球體從蔚藍的空中串聯到如茵的綠色草地上，兩個巨大球體宛如兩顆紅寶石，晶瑩奪目，與塔下世界一流的上海國際會議中心的兩個地球球體，構成了充滿「大珠小珠落玉盤」詩情畫意的壯美景觀。

■ 三、播音練習（中、英文）

1.

各位貴賓：

歡迎您搭乘 _____ 航空第 _____ 號班機（經過 _____）前往 _____。

今天的飛行是由本機機長 _____、事務長／座艙長 _____、_____ 位空服員、_____ 位泰國籍空服員為大家服務，如果您需要任何協助，請通知空服人員。

Ladies and Gentlemen:

Welcome aboard _____Airlines FLT _____to _____(with an intermediate stop in _____). Your flight is under the command of Captain_____. I am the chief purser _____. In addition, we have_____cabin attendants, _____from Thailand, who will be available through the flight to serve you. Please let us know if you need assistance.
Thank you.

2.

各位貴賓：

下午好！

我們即將開始下降，預計下午 __:__ 降落在 _____ 機場，請繫好您的安全帶。本人謹代表 _____ 航空公司及全體機組人員謝謝您的搭乘，並祝您旅途愉快！

Good afternoon, Ladies and Gentlemen:

We expect to land at _____Airport at__:__PM. Please fasten your seat belt. I would like to thank you for flying with _____Airlines. I do hope you will enjoy your flight.

3.

各位貴賓：

我們現在已經降落在 _____ 機場了，在安全帶指示燈沒有熄滅、班機沒有停穩前，請您不要離開座位。下機時請不要忘了隨身攜帶的行李，打開座位上方的行李櫃時請您特別留意，以免行李滑落下來。

非常感謝您搭乘 _____ 航空公司的班機，並希望很快能再次為您服務。

Ladies and Gentlemen:

We have landed at _____Airport. Please remain seated until the "FASTEN SEAT BELT" sign is turned off and the aircraft has come to a complete stop. Please don't forget to take along your personal belongings.

When opening the overhead bins, please take care to ensure the contents do not fall out.

Once again, we would like to thank you for flying with _____Airlines and look forward to serving you again soon.

第四單元
客艙溝通專項技能訓練

本章導讀

　　加強與乘客之間的交流和溝通是十分必要的，特別要做到心與心的交流溝通，聽取旅客的意見並及時改進服務，設身處地為乘客著想。比如為老、弱、婦、孺乘客服務時，要特別留意他們的不便之處，他們坐飛機時會比其他人顯得更緊張和不安，需要更多的關心和照顧。這時候空服員要把自己看成老年人的兒女、小朋友的大哥哥大姐姐、身障人士的好幫手，給予他們無微不至的關懷和悉心的照顧，讓他們感到客艙就像自己的家一樣安全、溫馨。

PART 1

客艙有效口語溝通

一、客艙溝通類型

（一）概述

　　客艙溝通包含有兩個意思，一是指資訊的傳遞，二是指感情的溝通，而感情的溝通遠比資訊傳遞更普遍，兩者是相輔相成的。同時，從管理的效果這個角度來講，溝通是對資訊的理解和執行過程，溝通不僅強調資訊的傳遞和理解，更重要的是執行的結果。再好的溝通如果沒有展現在結果上，也就成為無效的溝通。

（二）類型

　　客艙中的溝通包括語言溝通和非語言溝通兩方面。

1. 語言溝通

　　指運用語言、文字來傳達資訊的活動，它包括書面溝通和口語溝通。客艙中主要展現為口語溝通。

2. 非語言溝通

　　借用非語言媒體實現的溝通，如利用人的姿態、聲調、語調或者面部表情、肢體動作來傳達某種資訊等，都是非言語溝通。除了身體語言外，其他環境因素，如溝通情境內的物理環境、家具擺設、當事人對時間的知覺以及文化背景等，也可用來進行溝通。

　　非語言溝通形式劃分為以下五類：

2.1 體態語言

通常包括身體的姿勢，身體各部位的移動，面部的表情變化，目光的接觸等，也包括溝通活動中身體靜態的部分傳達的資訊，比如身高、體態胖瘦、髮型、膚色等身體特徵。

如一次飛行中，一位旅客因對機場的服務不滿，登機後情緒十分激動，對空服員的工作百般挑剔，多次提出各種要求，有一點不如意就嚷著要寫意見卡投訴。其實這樣的情況在工作中經常會碰到。航空運輸是一個特殊行業，「安全」兩字高於一切，但也因為要承諾「安全」，民航的一些措施會帶給乘客一些不便。這樣的矛盾無法避免，只能透過窗口服務 —— 特別是客艙的優質服務來盡量減少衝突。理解乘客的心情，空服員就不會因委屈而傷心甚至抱怨，而會冷靜應對，始終保持親切的微笑，該解釋的說明到位，該服務的用心做好。

2.2 接觸行為

接觸行為指的是擁抱、握手及其他特殊的接觸動作。

2.3 音調語言

音調語言包括音質、聲調、語氣、節奏（說話的速度）等。

2.4 空間語言

空間語言是指在人際交流的時候個人使用與感覺所需要保持的距離。比如，情侶之間及夫妻之間使用親密距離（15～45cm），好朋友之間使用個人距離（35～120cm），管理人員和職工之間或老師與學生之間使用社會距離（120～350cm），在公開聚會場合使用公眾距離（350cm以上）。此外，一個人在某一個情景下長時間以來也有自己固定的領域或者

空間距離。

2.5 環境因素

環境因素包括溝通過程中的環境，比如家具、建築風格、設計、燈光、音樂以及對方的著裝佩飾，佩飾指的是香水、帽子、眼鏡、首飾、領帶等裝飾物品。

在非語言溝通形式中我們主要指體態語言，包括微笑、目光、身體姿態、手勢等。

/// 乘機常識 5 //

全世界每年死於道路交通事故的約達 70 萬人，而其中死於空難的人數僅占千分之一左右，從這個意義上講，乘飛機也許是最安全的交通方式。乘機時注意一些問題可以幫助人們減少危險：

1. 機尾乘客易生還。空難時機尾的乘客生還率比較高，通常黑匣子也裝在機尾，這裡是最不易損壞的部位。
2. 盡量選擇直飛班機。據美國飛行安全專家的調查，多數空難發生於飛機起飛、下降、爬升及跑道滑行之時，倘若選擇直飛班機，可減少起降的次數。
3. 機型越大越安全。飛機體積越大，受各種安全檢查的次數就越多且越嚴，所以大型飛機旅客的生存率比小型飛機高。
4. 熟記飛行安全措施。乘客應細心聆聽空服員講解的飛行安全須知，熟悉緊急出口的位置及其他安全措施。
5. 大件行李勿隨身帶。發生緊急事故時，座位上方「物櫃」會裂開，導致大件行李掉落，從而危及乘客的安全。

6. 穿長衣長褲厚底鞋。乘飛機盡量避免穿 T 恤和短褲，最好穿長袖衫和長褲，因為一旦起火，長衣長褲可以提供更好的保護。選擇厚底鞋，最好不要穿涼鞋，以免腳底部在空難時受到玻璃、金屬等的傷害。

7. 雙手抱頭往前排靠。當飛機出現意外著陸時，乘客應做好適當準備。不要向後靠在椅座上，而應當雙手交叉搭在前排座位上，然後把頭擱手上，飛機著陸之前應當一直保持這個姿勢。

8. 飛機著火快走彎腰低頭。飛機停下之後，大火和有毒氣體可能很快充滿整個機艙，乘客應盡快撤向出口，同時盡量確保安全，低下身體。

二、客艙口語溝通訓練

(一) 客艙口語溝通的特點

從旅客方面調查的結果顯示，禮貌、真摯和善的語言能引起旅客發自內心的好感；明確簡潔、適當中肯的語言能增強旅客的信任感；適應對象、靈活多變的語言能帶給旅客親切感，使旅客獲得心理上的滿足。因此，客艙語言作為一種特殊的行業用語都展現了以下特點：

1. 準確性

飛機作為交通工具，其安全性一直是旅客最為關心的問題，空服員在做安全示範時語言必須準確。

2. 靈活性

保持服務一致性的過程中，空服員應該很靈活而且有創造性，和乘客之間保持良好的關係，而不要只是照本宣科地來做事。這是一個關於如何保持兩者間的平衡的問題。如在提供服務時，一位乘客要求吃素食，而飛機上正好沒有準備這種食物。這時空服人員應該返回廚房，想想辦法，找到一個解決方案，比如把各式各樣的蔬菜和水果拼在一起，而不是告訴乘客「我們沒有準備這種食物，你無法享用」，這樣會使乘客很苦惱。

案例

一次航班任務中，有位頭等艙旅客詢問，有沒有回教餐點。因為旅客沒有提前提出要求，航班上沒有準備頭等艙清真餐。為了不讓旅客失望，座艙長連忙到後艙尋找，正好還有兩盒備用素食，只是盒子稍稍有點被擠變形了。當座艙長把餐盒送給那位旅客時，不好意思地解釋說：「我們的餐盒雖然不好看，但是它的內容和我們回教朋友一樣——『內在美』！」那位旅客不禁開心地笑了起來。

3. 生動性

空服員要運用具有活力的語言去打動旅客，引起共鳴，特別是對乘客所做的一些景點、名勝介紹更是如此。

如對「川劇」可以這樣介紹：四川，古稱華陽，又名巴蜀，那裡民風淳樸，物阜人康，被人們譽為「天府之國」。俗話說「奇山奇水有奇傑」，在四川這塊沃野上，不僅湧現出無數雄才大略的政治家、軍事家和一大批卓越的詞人才士，還造就出一批優秀的表演藝術家。它不僅磨礪出無數宏偉的詩篇佳作，同時，也孕育出一個獨具特色的戲曲藝術形式 —— 川劇。川劇，這個被贊為「天府之花」的戲曲劇種，以它豐富的劇目、多樣

的聲腔、獨特的表演，在中國戲曲舞臺上領盡了風騷，成為巴蜀之地的又一驕傲。

案例

　　4 月 12 日至 15 日，是傣族 2006 年潑水節。某航空公司北京─昆明航班上，隨著一曲悠揚的葫蘆絲旋律的響起，一場由空服組執導並在飛機上演出的「潑水節」拉開了帷幕。

　　客艙空服員用甜美的聲音向旅客們介紹了潑水節的來歷和含義，以及傣家節日裡的潑水、丟包、趕擺、拜佛、划龍舟、放高升等活動。伴隨著優美的鳳尾竹樂曲，空服組的「小卜哨」們用鮮花蘸著象徵幸福吉祥的「聖水」灑向旅客，向每位旅客傳遞著健康平安、吉祥幸福的祝福。由兩名空服員飾演的美麗的「孔雀」飛進了客艙，「孔雀姑娘」婀娜的身形和美妙的舞姿，以及具有民族風情的音樂彷彿把旅客帶到了傣家的故鄉、神祕的亞熱帶原始森林和孔雀之鄉──西雙版納，贏得了旅客的陣陣掌聲。有的旅客忍不住歡樂欣喜之情，加入到舞蹈隊列中，跟著「孔雀姑娘」一道歡舞。隨後「孔雀姑娘」扔出的香包更加引發了旅客們的歡樂激情，收到香包的旅客也學著「小卜哨」們用傣家特有的手勢和語言向空服員們致以感謝和祝福。

　　「姐姐，我也要跳孔雀舞！」一個可愛的小男孩稚嫩的童音把客艙裡的歡樂氣氛推向了高潮，男孩嬌小的身影與「孔雀姑娘」柔美的舞姿構成了一幅美麗、和諧的畫面，吸引了旅客的目光。當座艙長把一個精美包裝的禮物送到小男孩手中時，小男孩仰起小臉很認真地說：「阿姨，我下次還要坐你們的航班，還要參加你們的節目！」看著旅客們歡愉的笑臉，座艙長感動地說：「空服組全體組員永遠歡迎所有乘客再次乘坐 × × 公司的航班。」頓時，掌聲四起，客艙裡儼然變成了傣家節日的歡樂場，歌聲、笑語和祝福瀰漫了整個機艙。

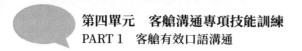

4. 親切性

因為空服服務工作的特點和性質，服務用語要親切、簡潔。如：「歡迎您乘坐本次航班！」「請問您想喝點什麼？」「讓您久等了！」「您的臉色不太好，請問是哪兒不舒服嗎？」「謝謝您對我們服務提出的寶貴意見，我一定把您的建議回饋給公司。」親切簡潔的話語可以大大提升乘客的滿意率。

5. 委婉性

客艙溝通講究藝術的說話方式。與客人對話，一般情況下要採用詢問式、請求式、商量式、解釋式等恰當的說話方式。因工作需要或條件限制而必須拒絕乘客時，也要盡量用委婉的表述方式，而不允許使用命令式語氣。直接使用否定詞句會讓乘客下不了臺，心情不愉快。如有兩位熟人在飛機上相遇，找到空服員想協調一下座位，空服員可以以「這兩位乘客想坐在一起，能否請您和他們換一下」來與相鄰乘客進行溝通。

詢問式：「請問……」
請求式：「請您協助……好嗎？」
商量式：「您看……可以嗎？」
解釋式：「您好！這裡是……」

（二）客艙基本禮貌用語訓練

西方國家的父母親，在孩子學說話的時候，教孩子 —— 無論什麼場合，甚至在家裡 —— 最常用的禮貌用語就是「謝謝你（Thank you）」、「對不起（I am sorry, Excuse me）」和「請（Please）」幾句話。

練習最基本的謙語、敬語：謝謝、對不起、請。

1. 致謝的藝術

「謝謝」並非客套話，這是個很有魅力的詞語。能正確地運用這兩個字，就會使你的語言充滿魅力。「謝謝」必須是真誠的。你確實有感謝對方的願望再去說它，並賦予它感情。

道謝時，應注視著對方，要及時注意對方的反應。對方對你的感謝感到茫然時，你要用簡潔的語言向他道出致謝的原因，這樣才能使你的道謝達到目的。出乎人們意料的道謝，會使對方備感溫暖。客艙中多講幾次「請」、「謝謝」，乘客不但不會覺得重複囉唆，反而會心情愉快，高度評價服務品質。

對他人的道謝要答謝，答謝的措辭可以有以下幾種說法：

「沒什麼，別客氣。」「應該的。」「我很樂意幫你的忙。」
「It's my pleasure.」「Don't mention it.」

2. 學會向人道歉

學會說「對不起」，「I am sorry」或「Excuse me」。

「對不起」是你送給別人最廉價的禮物。這三個字看起來簡單，它卻是調和雙方可能產生的緊張關係的一貼靈藥。你在飛機上不小心碰了乘客一下，說聲「對不起」，被碰的人自然不會計較什麼了。

2.1 切忌缺乏誠意

道歉最重要的是誠意，是如何把檢討的心意向對方表白。人的心理原是這樣，許多事情皆可原諒，關鍵是對方對這件事的態度。要用語言和行動表達出你的歉意，例如：「對不起，我可以幫您擦一下嗎？」在客艙服務中，一定要學會使用「對不起」這三個字，它會化解很多不愉快。

2.2 切忌猶豫不決

如果自己的過失對對方產生了不好的影響，越是猶豫不決，越是會失去道歉的機會，而且給對方的印象就更壞了。因此要立刻向對方道歉，越早越好。

2.3 切忌不及時道歉

當對方發火或訓斥自己的時候，由於害怕被訓斥而沉默，恐怕反過來會使事情更加嚴重。及時道歉的話，多少能挽回一些影響，還能抓住挽回損失的機會，這時必須拿出勇氣及時道歉。

2.4 切忌道歉時先辯解，先逃避責任

想道歉又先辯解，即使辯解主張裡有不少合理的成分，也會使對方反感，情況反而會更加惡化。首先要學會道歉，事後，等對方冷靜下來時，再申訴自己的意見和主張。

2.5 弄清原因再道歉

如果自己一個勁兒地道歉說「是我不好」，對方還是無法諒解，這裡或許還會有什麼別的原因。你可以暫時與對方分開一段時間，看看情況，稍後再次表示道歉。如還不見效，你可以注意觀察或從其同伴那裡側面打聽一下，弄清究竟是什麼原因。緩一緩，再加之以細緻周到的服務也不失為一種辦法。

── 案例 ──

　　那天早上，我們執行航班，由於出發地下大暴雨，我們的飛機延

誤了 3 個多小時才得以起飛。剛剛安全降落目的地，空服組就接到生產派遣部門的電話，由於飛機調配緊張，需要我們接下來執行已經延誤的航班。

聽到這個消息，我看了一下手錶，心一下子提到了脖子：這個航班已經延誤了將近 4 個小時，旅客們肯定已經急壞了！我們迅速做好清潔工作後，馬上通知旅客登機，從旅客們的表情中可以看出，他們的情緒很激動。

在迎客時，座艙長不住地向旅客真誠道歉：「對不起，讓您久等了。」「對不起，您辛苦了。」客艙裡的服務鈴更是響個不停，不斷有乘客向我們大發牢騷。我們耐心地解釋：「由於飛機從澎湖回來時，天氣不好⋯⋯」一位中年男旅客立刻打斷我們的話：「騙人的吧？這裡天氣不是挺好的嗎？」客艙裡頓時一陣哄笑。這位旅客用挑剔的目光看著我們，好像很生氣。空服員再次廣播了飛機延誤的原因，並真誠地向大家道歉。飛機起飛後，大家情緒有所好轉。我們快速為旅客發報紙、枕頭、毛毯，為閱讀的旅客打開閱讀燈，打開通風孔，盡量將服務工作做到旅客開口之前。當我走到那位中年旅客面前時，發現他閉著眼睛，我便為他關上了通風孔，並蓋上了一條毛毯。在這期間，我們注意到，剛才比較激動的幾位旅客情緒已經有所緩和，開始和空服員們交談起來。談話過程中，我又向他們道歉。

接下來為旅客提供了餐飲服務。幾次經過時我都很留意那位中年男旅客，在他閉著眼睛休息時，我在他面前的餐桌上放上免擾卡，在他醒來後的第一時間為他送上可口的餐點和飲料，該旅客下飛機時向我們表示了真誠的謝意。

3. 萬能用語「請」（Please）的用法

幾乎在任何需要麻煩他人的時候，「請」都是必須說的禮貌語，比如「請問」、「請原諒」、「請留步」、「請用餐」、「請指教」、「請稍候」、「請關

照」等，舉不勝舉。在敬語中使用頻率最高的是「請」字。這些用語中的「請」字並非是多餘的，有了這個「請」字，話語會變得委婉而禮貌。尤其是在命令性的話語中，有了這個「請」字，就說明你沒有凌駕他人之上的意思，而且還會使你顯得分外有教養，使得對方非常願意與你配合。「請問，需要我幫忙嗎？」謙語「請」是比較自然地把自己的位置降低，而把對方的位置抬高的最好方法。

說這幾個簡單的詞是很容易的一件事，但是聽的人會感覺到特別舒服。

4. 恰當地稱呼他人

每個人都希望得到他人的尊重，人們比較看重自己業已取得的地位，對有頭銜的人稱呼頭銜，是對對方的尊重。直呼其名僅適用於關係密切的人之間，一般來講，關係越密切，稱呼往往越簡單。你若與有頭銜的人關係非同一般，直呼其名來得更親切一點，但若是在公眾和社交場合，還是稱呼其頭銜更得體。

對於知識界人士，可以直接稱呼其職稱，或者在職稱前冠以姓氏，比如趙教授、錢醫生等。但是，對於學位，除了博士外，其他學位比如學士、碩士等，就不能作為稱謂來用。你可以稱某人為「孫博士」，卻不能喚某人為「李碩士」。

在西方，一般情況下，對男子不管其婚否都稱為「先生（Mr.）」；對於女子的稱呼則顯得複雜一點，通常稱已婚婦女為「夫人（Mrs.）」，稱未婚女子為「女士（Ms.）」。稱呼一個不明底細的女子，用「小姐」比貿然稱她為「太太」要安全得多。即使對方已婚，她也會非常樂意接受這令人愉快的錯稱。無論她是16歲，還是60歲，寧可讓她微笑著糾正你她是「太太」，而不能讓她憤然地糾正你說她不過是一個「小姐」！在外交場合，為

了表示對女性的尊重，可以將女性稱為「女士（Madam）」。上述稱呼，不管是先生還是小姐，都可以連名或職稱一起使用，比如「市長先生（Mr. Mayor）」、「戴安娜小姐（Ms. Diana）」等。對臺灣老人稱呼「老爺爺」、「老奶奶」，對西方乘客則應避免「old lady」、「old gentleman」等稱謂。如果對一個悲傷的人說「你好」，對一個外籍乘客說「你吃了嗎」等，都是不合適的問候。

（三）客艙口語溝通技巧訓練

1. 按照過程分類

1.1 登機服務禮儀

做好準備工作，提前站立在機艙門口迎接客人登機，主動微笑向客人問好，歡迎客人登機，態度要真誠、熱情：「您好！歡迎登機！」

遇到需要幫助登機的客人，可以以「歡迎您，我來幫您吧」來問候，熱心幫助旅客放置行李。對匆匆趕來的乘客，則可以說：「您好，請不要著急，飛機還要等一會兒才起飛。」熱情地提供幫助，引導客人就座。

1.2 機上服務禮儀

客人坐穩後，向客人介紹乘坐飛機時的注意事項及機上設施的使用方法（有的採用錄影帶講解），注意音量適中。

當「繫好安全帶」的信號燈亮起時，提醒客人繫好安全帶並及時檢查每位旅客的安全帶是否繫好，必要時應給予客人幫助。

做好安全檢查，幫助旅客收起扣緊餐桌、調節座椅靠背等。按照規定調整客艙燈光；調暗燈光前，應先為閱讀的客人打開閱讀燈。為旅客送上

食品、飲料、雜誌時，要彬彬有禮，微笑服務。沒有旅客需要的報紙時，應表示歉意，並介紹其他報紙。做好衛生工作。發放用品時女士優先，先裡後外。巡視客艙時，說話輕，走路輕，動作輕。

主動與客人溝通，細心觀察旅客的需求，及時為客人提供服務（蓋上毛毯，開關閱讀燈等）。及時提醒旅客注意安全，耐心解答旅客的疑問。

1.3 送別客人服務禮儀

提前提醒旅客準備下機，提醒客人攜帶好隨身物品，熱心協助需要幫助的客人。向客人道別，祝福客人並目送客人離去。

2. 按乘客類型分類的溝通

飛機上有各種各樣的乘客：無人陪伴的兒童、孤身一人的老人、帶小孩的父母、病患以及其他特殊旅客等。如何做好這些乘客的工作，讓他們的親人在送他們上飛機後放心，使他們安全到達目的地，是一名合格的客艙人員的職責。把服務做在乘客開口之前，即使他們沒想到，也要細心地去發現，盡力做到貼心、周詳。其實很多時候都是因為沒有多替乘客著想而導致服務不周，引起乘客的不滿，比如乘客拿著手提袋等行李，為防止他們勒手，就要遞上毛巾讓他們墊著；對匆忙上飛機滿頭大汗的乘客主動遞上紙巾；對自帶水杯的乘客及時詢問是否需要加水；乘客起身要去洗手間，就順手幫他們開門。這些小小的事情會讓乘客感到無比的舒心和溫暖，在服務當中也會收到意想不到的效果。

2.1 對老年乘客的溝通技巧

首先，主動詢問並熱情幫助老年乘客上下飛機（但對身體好的老年乘客，尤其是外國乘客則要視情況而定）；其次，在飛行途中，注意觀察

老人，主動向老人介紹餐點品種，供老人選擇；主動向老人介紹途經的景點、安全設備的使用，注意說話的聲音要慢一點，講解詳細一點，身體離老人近一點（同時注意不要因為聲音太大影響其他乘客）。也許有些人是第一次坐飛機，也許就是一輩子坐一次飛機，對待乘客應該就像對待父母、親戚、朋友一樣，這樣的飛行你才會覺得快樂、有收穫。乘客也是通情達理的人，只要相互理解，換個角度去考慮問題，飛行就會無比輕鬆快樂。

── 案例 ──

　　某航班上旅客開始逐一登機，空服員站在前艙迎客，看見一位老奶奶提著一個大箱子艱難地走進來。空服員立即迎上去：「奶奶，能讓我看一下您的登機牌嗎？我幫您安放您的行李好嗎？」老奶奶點頭同意後，空服員引導她來到座位上，把大箱子舉到行李架上，老奶奶連聲說感謝，還說箱子太重了。空服員笑著回應老人：「沒事，不會很重，奶奶您先坐著，有事您可以按服務鈴叫我們，好嗎？」老奶奶笑著點頭答應。看老人家這麼開心，空服員由衷地鬆了口氣。在航班即將到達目的地前 20 分鐘，老奶奶要求讓她填一張意見卡，周圍的旅客也紛紛索要，在收卡的時候，空服員特意看了看老奶奶的，只見上面寫著：「客艙服務很好，空服員熱情周到，當我看見一個小女孩把我那個重重的大箱子吃力地放到行李架上，我很心疼，真的很心疼，你們的服務很好。」

──［訓練］模仿該空服組服務情節，分角色溝通 ──

　　某空服組執行航班，前艙空服員在服務中發現一名 81 歲的老人獨自乘機，趕緊送去毛毯、枕頭，並詢問老人的飲食喜好，送去餐點飲品等。當班座艙長了解情況後，上前與老人攀談，了解到老人雖然年紀

大，但是身體不錯，此行是去參加大學同學會的，對老人來說此行是多麼難得且有紀念意義。由於空服組的細心照料，老人感到空中旅途短暫而愉快。飛機到達後，考慮到老人一個人提著兩個大包獨自走到較遠的出口處極其不便，座艙長請地面服務員幫忙，但地勤人員答覆由於老人沒有辦理無人陪伴手續，無法馬上安排人送。座艙長沒有多想，將情況報告機長後，提著大包，一路與老人聊著天將老人送到了旅客出口處，交給已在那裡等待多時的同樣白髮蒼蒼的老人的老同學，並再三囑咐下次一定不要讓老人獨自乘機而不辦理託運手續。

2.2 對兒童乘客的溝通

隨著人們生活水準的提升，越來越多的家庭也開始把孩子送上航班，讓他們體驗首次搭乘飛機出行的激動和飛機飛向藍天時的壯麗。與一般搭乘航班的成人乘客不同，孩子搭乘航班需要當班機組的空服人員更多的協助、關心與照顧。這裡將兒童乘客分為四類：嬰兒乘客、有成人陪同出行的少年乘客、航空公司受託照顧的獨飛少年乘客和其他需要特殊照顧的兒童乘客。

💬 2.2.1 嬰兒乘客

對於嬰兒乘客（各航空公司對嬰兒乘客的年齡界定有一定差別）來講，他們基本上全都是由父母陪同出行，因此相對來說不會給空服人員的工作帶來太多壓力。不過，對於嬰兒乘客的照顧，空服人員還是需要注意下述問題：

在登機後，要在第一時間向其父母（或隨行乘客）客氣地詢問在飛行期間的客艙服務過程中，有沒有需要特別注意的問題（比如奶瓶沖洗、臨時嬰兒用睡品等問題，提前了解這些問題在中、長途航班上尤為重要）。

在飛機起飛後，要在第一時間向其父母（或隨行乘客）客氣地詢問嬰兒的冷暖情況，以便在第一時間及時為嬰兒乘客添加嬰兒用睡毯等保暖機

供品。

在飛機起飛後，如需要為嬰兒乘客打開嬰兒專用睡車或嬰兒專用睡籃，一定要注意睡車或睡籃的牢固，此外還要注意在此過程中要將其噪音減至最低，以免打擾周圍乘客。

為嬰兒乘客準備所需要的飲品（或餐品）時，要尤其注意加熱時間、味道，飲品（或食物）的流質程度及餐飲器具等方面。要特別注意，一定不要把給嬰兒乘客的餐飲物加熱過長時間，以免造成不必要的燙傷等問題，而且相對鋒利的餐飲器具要百分之百避免使用。

在航行過程中，要每隔一段時間向其父母（或隨行乘客）客氣地詢問有無需要幫忙的地方，但同時也不要過多打擾其父母（或隨行乘客）及周圍乘客。

在飛機上，一旦聽到嬰兒乘客哭泣或其他異樣聲響，空服人員應在第一時間前去查看，以便能在最快時間內為其提供相應服務或所需物品。

在嬰兒乘客父母（或隨行乘客）入睡或上洗手間期間，空服人員要多加幫忙留意照看嬰兒乘客，以免發生問題。

在空服人員送餐、飲品或其他物品經過嬰兒乘客時，要注意盡量保持最小的噪音，此外更要對嬰兒乘客安全多加留意，要百分之百避免諸如手中物品不小心移落並砸壓在嬰兒乘客身體任何部位等事件的發生。

在航班降落前，如嬰兒乘客仍在使用專用睡車或睡籃，要跟其父母（或隨行乘客）做好解釋工作，及時將睡車或睡籃收放好，以保證降落安全。

在航班降落後，如果嬰兒乘客其父母（或隨行乘客）同意，盡量安排他們最後下飛機，以免在下機過程中對嬰兒造成意外傷害。此外，在其他

乘客下機過程中，應提醒其父母（或隨行乘客）將嬰兒安置在不靠機艙通道的座位，以免在其他乘客下機過程中有任何意外發生。

── 案例 ──

　　記得有一次航班，有幾名懷抱嬰兒的外國爸爸媽媽陸續走進客艙內。

　　飛機起飛後，客艙內傳來陣陣嬰兒的啼哭聲，像是商量好似的，這些小寶寶們要麼一個都不哭，要麼所有的寶寶都一起哭，把這些初為父母的爸爸媽媽們忙得手忙腳亂。憑著飛行的經驗，我判斷應該是長時間的高空氣壓將寶寶們的耳朵壓痛了。我趕緊走到前艙，安慰新手爸爸媽媽們：「讓寶寶們喝點奶，透過運動可以減緩他們的不適。」隨後我協助調換父母們手中寶寶們的睡姿，幫寶寶換條新的尿布，果然寶寶們逐漸安靜了。那天，我根本記不清自己在客艙中究竟跑了多少個來回，打掃了多少次洗手間，清潔了多少次嬰兒臺板。當航班到達後，每個寶寶的父母下機時都向我豎起大拇指，對我說：「Good, thank you very much.」聽著寶寶們的外國父母對自己的讚許，突然間覺得自己也盡了一點為人父母的職責。

　　因為高空機內環境與地面有差別，成人可能感受不到，但許多小孩子會感到有些不適。如某航班上一個年輕的媽媽帶著剛滿週歲的孩子乘機，小孩子不適應機上狀態，從飛機起飛開始就一直在哭，吵得周圍乘客無法休息。為了減輕孩子母親的負擔，空服人員主動把小孩抱到懷裡，一邊輕聲唱歌，一邊抱著他來到後艙，不知是空服員的歌聲太甜美，還是後艙新鮮的環境轉移了小傢伙的注意力，孩子很快安靜下來。航程即將結束的時候，小傢伙已經離不開空服員。當飛機降落，空服員將孩子交到母親手裡的時候，機艙裡響起熱烈的掌聲。

💬 2.2.2 少年乘客（有成人陪）

少年乘客，他們與嬰兒乘客之間有著很大的差別，因為絕大部分少年乘客都已經可以自己獨立進食或活動，因此他們基本上不需要空服人員提供任何類似於「嬰兒托護」的服務。此外，那些有成人陪同搭乘航班的少年乘客，一般也不會在機艙內製造太多噪音或其他麻煩，所以從客艙服務的角度來講，在兒童乘客中，他們相對是比較好照顧的族群。不過，當班空服還是需要就以下問題加以注意：

在登機後，及時向其父母（或隨行乘客）客氣地詢問在飛行期間的客艙服務過程中，有沒有需要特別注意的問題（比如說是否需要特定的飲品等，提前了解這些問題在中、長途航班上尤為重要）。

登機後，要第一時間向少年乘客贈送航空公司專用少年乘客準備的禮品（根據實際情況，某些航空公司沒有此類物品）。

不要將帶小孩（不滿 12 歲）的乘客安排在緊急出口和應急窗口的位置上。在飛機起飛前，應向少年乘客或其父母（或隨行乘客）詢問是否需要口香糖等有能幫助減輕耳鳴作用的物品，另外提醒繫好安全帶。

在飛機起飛後，要每隔一段時間向少年乘客本人或其父母（或隨行乘客）詢問是否有任何需求。

提供餐點時徵求父母的意見。要注意不要配備太過鋒利或可能對少年造成傷害的餐飲器具，而且餐點溫度要盡量適中。另外，對少年乘客所要的飲品，注意大約在所用杯子的一半容量即可（各個航空公司不太一樣，不過一般乘客基本上在 70% 左右比較合適），以免不小心造成碰灑等情況的出現。

在服務空隙與兒童進行適當交流。

　　如果航班上配有紀念品，可以作為小禮物在航班降落前送給少年乘客。

　　在航班降落前，空服應提醒繫好安全帶，並做好桌板、窗屏、頭頂行李箱的安全檢查。

─［訓練］模仿情節，分角色溝通 ─

　　在航班上，一位年輕的母親面對自己頑皮的 3 歲兒子已無可奈何。空服員走過去對著大汗淋漓的母親說：「您別著急，孩子可能是由於長時間待在這個環境中，有點煩躁感，讓我帶他一會吧。」空服員把小男孩抱到服務間裡，換了一個環境，小男孩果然安靜了許多。眼睛不停地看著各種新奇的東西，趁他不注意，空服員從服務車裡拿出一個毛茸茸的玩具，對他說：「你看，阿姨會變魔術！」看到玩具，他咯咯地笑了。那位母親聽到笑聲，走過來問空服員：「妳怎麼這麼會逗孩子？」空服員說：「我的女兒也有這麼大了，看到您的兒子，讓我想起女兒，這讓我很開心。」那位母親下機時，寫了個地址和電話號碼給空服員，真心希望她有空帶上女兒去她家做客。

💬 2.2.3 無人陪伴兒童

　　無人陪伴兒童（也有航空公司將其稱為「獨飛兒童」），大多數情況下都是指那些父母託付航空公司負責全程運送並加以照顧的少年乘客。在過去幾年中，無人陪伴兒童越來越多，很多航空公司在對向他們提供的人性化服務方面也都累積了很多寶貴的經驗。針對無人陪伴兒童提供高素養的人性化客艙服務的注意事項：

　　在與地服人員交接後，要先幫其安排好座位，放置好隨身行李。同時，及時告知相關艙位的空服同事其座位號和有無特殊餐點要求等事宜。

在登機後，要在第一時間向其贈送航空公司專為少年乘客準備的禮品（根據實際情況，某些航空公司沒有此類物品）。

在飛機起飛前，應向其詢問是否需要口香糖等能幫助減輕耳鳴作用的物品，另外提醒其繫好安全帶，不要在航班起飛期間使用任何電子設備（諸如掌上遊戲機、隨身聽等），對於年齡偏小的獨飛少年乘客，應注意做好解釋工作。

在飛機起飛後，要每隔一段時間向其本人詢問是否有任何需求。

在準備航餐時，要注意不要配備太過鋒利或可能對少年造成傷害的餐飲器具，而且餐點溫度要盡量適中。另外，對少年乘客所要的飲品，注意大約在所用杯子的一半容量即可（各個航空公司不太一樣，不過一般乘客基本上在 70% 左右比較合適），以免不小心造成碰灑等情況的出現。

如果航班上配有其他紀念品，可以作為小禮物在航班降落前或適當時候送給獨飛少年乘客。

在航班降落前，空服人員應提醒繫好安全帶，並做好桌板、窗屏、頭頂行李箱的安全檢查。

在航班降落並開始下客後，應保證安排獨飛少年乘客盡量在其他乘客之後下飛機，要做好與地面服務人員的交接工作，空服人員還應幫助乘客本人在下機前查看行李是否齊全等，以免遺落其隨身物品。

━ 案例 ━

　　某航班，空服員像正常飛行一樣，為正在看報紙的旅客開閱讀燈，為老年旅客講解客艙設備的使用方法，解除他們初次乘機的不安……在空服員巡艙時，發現後排座位上有一名無人陪伴的小旅客，剛滿六歲，

她的雙手緊緊地抓著座椅扶手，頭緊貼在靠背上，從小女孩的眼神裡能看出來她對於這個龐大的「怪物」既好奇又害怕。飛機開始滑行，空服員坐到小女孩的身邊，拉著她的小手告訴她說：「不要害怕，飛機馬上就要起飛了」，隨著飛機滑行的速度加快，空服員的手也被她的小手攥得更緊，身體也向空服員靠了過來……到下機前，空服員和小女孩已經成為無話不談的「忘年交」，她也慢慢放鬆了對飛機的恐懼心理。下機時，空服員告訴她，會有海航的阿姨帶她去見媽媽，可是小女孩還是拉著空服員的手要求送她，空服員爽快地答應了。第二天，空服員忽然接到孩子媽媽的電話：「謝謝妳對我女兒的照顧，孩子交給妳，我非常放心！」

💬 2.2.4 需特殊照顧的兒童乘客

應該針對每名需要特殊照顧的兒童乘客的自身情況來確定具體的客艙服務方式及相關細則問題，這一群體是最考驗空服人員隨機應變能力的。總而言之，空服人員遇到需要特殊照顧的兒童乘客時，最重要的一點就是要做到設身處地想問題，要嘗試把自己當成那名需要特殊照顧的少年乘客，同時根據當時的現狀，採取最適當的處理方式，從而展現出航空公司人性化客艙服務的一面。

2.3 對盲人旅客的服務

主動自我介紹，幫助盲人乘客上下飛機；幫助盲人尋找座位；介紹飛機上各種設施的使用方法，特別是要告知盲人救生衣、氧氣罩的使用方法及緊急出口的位置；空中安排專人負責，經常詢問盲人乘客的需求，主動提供更顯人文關懷的服務。真正的服務是沒有局限性的，是沒有固定模式的，但必須是及時的。許多東西都要用心去發現，學會換位思考，你就會發現旅客需要的是什麼。

━ 案例 ━

　　某航班上來一位盲人旅客。這位旅客上飛機的時候，抓住空服員的手，緊握不放，著急地問空服員座位在哪裡。空服員主動將他引導到座位上，幫他繫好安全帶，然後教他摸到安全帶的扣子，手把手地教他如何把安全帶打開，這樣他學會用安全帶之後，便非常安心地乘機。空服員隨後叮囑旁邊的乘客：「先生，麻煩您幫我們照顧一下這位旅客，上面是服務鈴，如果有任何事情，我們又不在身邊的話，您按一下它，我們會馬上過來的！好嗎？」

　　用餐時間到了，空服員特別將餐點的包裝都打開，然後扶著他的手去摸，「飯食是熱的，吃的時候不要燙到了。」空服員把勺子放在他的手中，盲人旅客用右手緊緊地握著，露出會意的笑容。

2.4 飛機上與緊急出口處乘客的溝通技巧

　　緊急出口處旅客的確認是一個需要技巧性的工作。旅客都有需要被尊重的心理，可以用介紹小知識使其了解和證明出口重要性的例子作為確認方法，而不是用命令式或者過於公式化的方式和乾巴巴的專業術語去解決。如在波音 737 和麥道 82 飛機機艙內靠近機翼的位置，每側都有一個緊急出口。美國的航空公司通常都會對緊急門邊的這名乘客予以特別關照，一般情況下，檢票人員會把這個座位留到最後。因為在美國，幾乎每架飛機上都會有持免票等待空座位的航空公司內部人員，這些人會比普通乘客更了解飛機，把他們放在緊急出口旁有利於對緊急情況的處置。關機門後，空服員會走到這名乘客前，詢問他是否了解緊急門的使用，然後告訴這名乘客，一旦打開了緊急門，應當把門扔出機外，而不是留在機內，防止擋住出路。不要小看這一點提醒，它是航空公司透過大量地面模擬實驗總結出來的，關鍵時刻會發揮重要作用。最後，空服員還要檢查清理緊急門附近是否有旅客的行李物品。不熟悉飛機的旅客可能會對這個緊急門

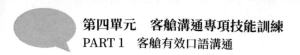

有點恐懼，但幽默的美國人有時會開個玩笑，緩解緊張氣氛：「我特別喜歡這個座位，比別的地方寬敞，出事時還可以第一個跑出去。」

/// 乘機常識 6 //////////////////////////////////////

女乘客不要穿絲襪，因為一旦發生火災，絲襪會迅速燃燒，並且緊貼在皮膚上；衣物最好選用棉製品，也是為了防止燒傷；登機後最好仔細觀察緊急出口的位置，並且記住相對你的座位的方位，因為緊急情況下艙內一片漆黑，失事後最初的自救是會產生決定性作用的。

PART 2

客艙非語言溝通

　　人們在日常生活中的交流往往伴隨著一些體態語言，體態語言與口語溝通往往是密不可分的。常見的體態語言有微笑、目光注視、手勢語、站姿、坐姿、蹲姿等。空服人員不僅要讓自己的有聲語言帶給旅客美感，而且也要讓自己的無聲語言給旅客留下好印象，即空服人員要掌握多種表達方式，善於使用禮貌用語和無聲語言，使溝通更有人情味，避免平淡、乏味、機械的職業套話。

一、微笑訓練

（一）微笑的魅力

　　美國希爾頓酒店總公司董事長康拉德·希爾頓在 50 多年的經營裡，不斷地到他設在世界各國的希爾頓酒店視察，視察中他經常問下級的一句話就是：「你今天對客人微笑了沒有？」

　　微笑可以表現出溫馨、親切的表情，能有效地縮短雙方的距離，給對方留下美好的心理感受，從而形成融洽的交流氛圍。面對不同的場合、不同的情況，都能用微笑來接納對方，可以表現出個人良好的修養，待人的至誠。微笑有一種魅力，它可以使強硬者變得溫柔，使困難的事變得容易。所以微笑是人際交流中的潤滑劑，是廣交朋友、化解矛盾的有效手段。

　　越來越多的生活體驗告訴我們：微笑並不一定意味著高興。事實上，它更是一種重要的體態語言、社會語言，具有社會性。微笑，反映的是一種意願，一種關係，一種文化。面對飛機上的每一位乘客，空中空服人員必須是微笑的，微笑是空中空服人員必備的基本社交語言，這種語言能夠拉近空服員與旅客之間的距離。發自內心的微笑能讓旅客感受到空服員的

敬業精神。要笑得好很容易，想像乘客是自己的朋友或兄弟姐妹，就可以自然大方、真實親切地微笑了。

自稱「微笑之邦」的泰國，把微笑廣泛地運用到一切服務當中。泰國航空公司直截了當地把微笑當成商品做起了廣告：「請乘坐平軟如紗的泰航飛機，到泰國享受溫暖的陽光和難忘的微笑！」日本也是非常重視微笑服務的國家。日本各航空公司，在空服人員上機之前都要接受長達 6 個月的微笑訓練，訓練在各種乘客面前和各種飛行條件下都能真誠流露出微笑。

（二）微笑技巧及訓練

人微笑時應是嘴角上翹，眼裡含笑。微笑也有技巧，它是可以透過訓練而掌握的。下面介紹幾種微笑的訓練方法。

1. 拇指法

雙手四指輕握，兩拇指伸出，呈倒八字形，以食指關節輕貼顴骨附近；兩拇指肚向上，放於嘴角兩端 1 公分處，輕輕向斜上方拉動嘴唇兩角，反覆多次，觀察你微笑的狀態。（反覆如此訓練，仔細觀察體驗嘴角在每一位置時的美感，並選取最佳位置、定格、再欣賞、再定格、再觀察。）

2. 食指法

輕握雙拳，兩食指伸出呈倒八字形，放於嘴唇兩角處，向斜上方輕輕拉動嘴角，並尋找最佳位置。或雙手輕握，伸出食指，兩拳相靠放於下巴下方，兩食指放在嘴角兩端，向斜上方輕輕推動，反覆推動多次，直到找到滿意位置為止。

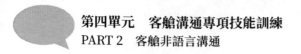

3. 中指法

　　兩中指伸出，其餘四指自然收攏，半握；兩中指肚放在嘴角兩段，輕輕拉動嘴角；反覆動作，直至找到滿意的微笑狀態為止。

4. 小指法

　　兩小指伸出，其餘四指自然收攏，半握；兩小指肚放在嘴角兩端，輕輕拉動嘴角；反覆動作，直至找到滿意的微笑狀態為止。

5. 雙指法

　　雙手拇指、食指伸出，其餘三指輕輕握攏；將兩食指按放在兩眉上外端；兩拇指按放在嘴角處，向斜上方輕緩拉動。反覆多次，直到滿意後，定格欣賞，再訓練。

對鏡訓練

　　第一，要專注欣賞。可用厚紙擋住嘴，努力回想經歷過的最愉快的事情，直到眼睛慢慢帶上笑意，然後把紙移開，口中說「一」，這時人是眼角含笑、嘴角微微上翹的。每次訓練都要專心、聚精會神地練習。

　　第二，貴在堅持。待經過一段時間，不用手動就能達到最佳狀態的微笑時，就可放棄手助操作訓練，轉而用意念進行自然微笑訓練。

　　第三，天天對鏡微笑。一覺醒來，先微笑一下再起床；晚上入睡之前，先微笑一下再輕鬆入睡。每天早晚盥洗時，首先都要對鏡微笑一下。不僅如此，一天之內每次見到鏡子也要自覺微笑一下，並伴以愉快的心情，進行滿意的自我欣賞。

只有這樣才能養成良好的微笑習慣，才會微笑得自然、美麗。

二、其他身體語言

全世界的人都借助示意動作有效地進行交流。最普遍的示意動作，是從相互問候致意開始的。了解這些示意動作，至少你可以辨別什麼是粗俗的，什麼是得體的，使你在與旅客交流時，更加得體地表現出來，從而容易避免誤解。

（一）目光（用眼睛說話）與訓練

在和人談話時，你必須看著對方的眼睛（不要不停地眨眼或移動眼神）。如果沒有這樣做，別人會認為你是不禮貌和不真誠的。

應當注意，交流中的注視，絕不是把瞳孔的焦距收束、緊緊盯住對方的眼睛，這會使對方感到尷尬。交談時正確的目光注視區域應當是對方的眼睛與鼻子之間。道別時，則應該用目光注視對方的眼睛。

眼神美的訓練方法：

- **香火法**：手持一支點燃的香，在眼前自由轉動，要求視線始終追逐並集中在香頭上。主要訓練眼神轉動的靈活性，達到目光集中、有神的目的。
- **盯靶法**：身體站在距其 2～3 公尺處目視靶環牌，目光從環外逐漸向環內移動，最後落在靶心。鍛鍊目光集中和有神采。
- **鐘擺法**：找一擺鐘，距離其 2～3 公尺站住或坐好，目光隨鐘擺來回擺動，反覆練習。
- **掃描法**：在室內牆上兩側與目光平行處各畫一條線。站在或坐在

牆中間距離所畫線 2～3 公尺處，練習目光隨頸部轉動而變化。鍛鍊眼神的靈活性。

（二）鞠躬迎客、送客

一般在迎候客人和送別客人時我們常用微微鞠躬的禮節。一般採用一度鞠躬，即女性空服員要雙手交叉放在小腹處，含笑注視乘客，微微鞠躬；男性空服員雙手放在身體兩側，含笑點頭問好。

在鞠躬問候時，要挺胸、抬頭、收腹，自腰以上向前傾；鞠躬時上身抬起的速度要比下彎時稍慢一些；上身向下彎時，要先看對方的眼睛，然後再看對方的腳，起身後，再次注視對方的眼睛。如果不抬眼皮地看地下或腳面是一種低頭認罪的姿態，不符合禮儀規範。

（三）身體半蹲以示尊重

半蹲仰視是人們對自己尊敬或崇拜的人常用的一種神情。在客艙服務中，如果我們能夠結合微笑和口語溝通把這種姿態運用得恰到好處，可以極大地縮短我們與乘客之間的心理距離，特別是針對老年人、兒童和需要特殊溝通的旅客。

比如航班延誤時，要學會換位思考，多替旅客著想，把親情融入工作中。有的旅客在家裡或在工作中受了氣，會把怨氣帶上飛機，稍有不順心就易發泄。每當發現有心情不好的旅客時，空服員在接近他時要給予更多的關心，問他需要什麼，給他親情般的溫暖，化解他的怨氣。

案例

　　某航班因機械故障延誤。正值酷暑，大熱天的，旅客被悶在客艙裡，沒有空調，旅客的情緒隨著氣溫的升高不斷高漲，鬧事的，謾罵的，整個客艙裡像炸開了鍋！看到這種情景，空服員一邊大聲地要求旅客安靜，一邊安撫旅客，可空服員的說話聲完全被淹沒在吵鬧聲中。一名男乘客已經按捺不住，使勁地按服務鈕，空服員急忙跑過去，蹲下身問他：「先生，您有什麼需要我幫忙的？天這麼熱，您先坐下來休息休息，喝杯水好嗎？」然後對他微微地笑了笑，那位旅客先是愣了一下，意識到自己失態後，趕緊接過空服員的水，喝了起來，並回了聲：「謝謝！」其他旅客看到這情景，才意識到自己也口乾舌燥了，於是紛紛向空服員要求提供飲料，空服員愉快地答應著，很快一場風波就這樣平息下來。

蹲姿訓練：

比較文明的蹲姿有兩種：

◀ **交叉式蹲姿**：下蹲時右腳在前，左腳在後；右小腿垂直於地面，全腳著地，左腳跟抬起，腳掌著地；兩腿前後緊靠，立腰，身體微微前傾，臀部向下。尤其是穿裙裝的女空服員以此種蹲姿為好。

◀ **高低式蹲姿**：下蹲時左腳在前面右腳稍後，女士兩腿緊靠（男士兩腿可分開）向下蹲。左腳全腳著地，右腳跟提起，使腳掌著地；右膝內側靠於左小腿內側，形成左膝高而右膝低的姿態；臀部下沉，基本上以右腿支持身體。

（四）空服人員儀表儀容要求

　　對空服人員儀表美的總體要求是：儀容整潔，舉止大方，端莊穩重，不卑不亢，態度誠懇，待人親切，服飾整潔，打扮得體，彬彬有禮。具體概括為以下方面：

1. 髮型

頭髮要常洗常梳理，正常情況下 2 ～ 3 天洗一次頭髮。空服員髮型要大方，適合自己的臉型、制服和風度，不留奇異、新潮髮型，不染異色頭髮。女性頭髮不遮臉、不過肩，長髮要紮起或盤起，用深色的髮飾並保持統一，前瀏海可以捲曲也可以直髮，但不過眉毛。男性鬢髮不蓋過耳部（不得留鬢角），後腦頭髮不觸及後衣領，不留長髮、光頭，不燙髮。

2. 服裝

空服人員穿著制服要做到整齊、清潔、平整、大方、美觀、得體。穿襯衫要紮在長褲、裙裡面，不挽袖捲褲，注意內衣不能外露，不掉釦、漏釦；帽子戴在眉上方 1 ～ 2 指處。領帶、領結、飄帶與襯衫領口的吻合緊湊且不歪斜，工號牌佩戴在左胸的正上方。目前各航空公司都有自己的制服。

每次航班前，應熨燙衣服，以防有皺褶。同時檢查制服有無損壞、汙漬、掉扣、開線等情況，若有應立即進行修理補救。航班結束後，應乾洗制服，保持制服乾淨如初。

空服人員的鞋襪要求保持光亮、乾淨，不能穿破損襪子。女性穿著肉色連褲襪；男性應穿與褲子、鞋同類顏色或較深色的襪子。襪子的尺寸要適當，不得有跳線和鬆弛現象。

3. 飾品

空服人員可佩戴設計款式保守簡潔的手錶，錶帶寬度不超過 2 公分，顏色限深色。

可戴結婚、訂婚戒指 1 枚，設計簡單，鑲嵌物直徑不超過 5 公厘。

可戴 1 副耳針，設計簡單，鑲嵌物直徑不超過 5 公厘。

4. 良好的衛生習慣

頭髮清潔，衣領、衣袖乾淨，身上無汗味或異味；指甲清潔，不留長指甲；忌吃蔥、蒜、韭菜、洋蔥等有刺激性氣味的食物。

乘機常識 7

由於飛機的座艙氣壓比地面略低，同時氧氣較少，容易使人流失水分，造成口乾舌燥、皮膚乾燥等情形，但只要經常適量地喝水，應能避免這種症狀。眼睛乾澀，可以在醫師同意下用人工淚液來滋潤。值得注意的是，長程旅行最好不要佩戴隱形眼鏡。

為了補充水分必須多喝水，但是水喝多了，由於長時間無法伸展，腿部容易因壓力而腫脹，因此，適時做腿部的伸展運動就有其必要，而且常去洗手間排解也相當重要。千萬不要因為廁所較遠或怕打擾鄰座乘客而憋尿。

乘機常識 8

為了避免腸胃不適，除了隨身攜帶藥品外，最好避免食用豆類、纖維、啤酒等容易脹氣的食品。如有腹瀉等情形，最好避免繼續進食，以免症狀惡化。若因為壓力關係有耳朵不適的情形，可以試著用吞口水、嚼口香糖的方式去疏通耳咽管，緩解不適。

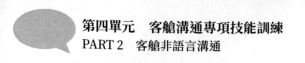

PART 3

客艙專項溝通訓練

要充分理解旅客的想法和心態，對旅客在民航外受氣而遷怒於民航，或因身體、情緒等原因而大發雷霆等種種出格的態度和要求，應給予理解，並以更優值的服務去安撫旅客。

一、真誠的關懷——客艙服務的真諦

— 案例

某航班上，一位旅客抱怨餐點過期變了味。為不影響其他旅客，當班座艙長半蹲在旅客身邊耐心解釋：餐點都是當天配好的，正餐不會超過 4 小時，點心不超過 6 小時，請他放心用餐。但旅客仍強詞奪理：「餐點的外包裝雖印有製造日期和保存期限，但裡面的獨立小包裝盒上沒有印日期。」面對旅客咄咄逼人的樣子，座艙長面帶微笑地說：「我雖沒有看到餐點製作過程，但身為航空公司一員，我相信我們的公司不會把過期餐點送上飛機，請您放心吧。」整個航程，座艙長多次接近該旅客，更加細心地服務。

臨下飛機時，空服員感謝該旅客指出了她們工作中的不足，表示會把意見上報給相關部門，加以改善。旅客滿意地笑了，也向她道出了心中真正的不快。

分析：遇到乘客不滿意的事情而又無法解決時，不妨表達對旅客的尊重，表示會把乘客的意見及時反映上去。

— 案例

某航班飛行任務中，空服員發現有一位老太太登機時與其他旅客不

同，帶著冷漠的表情直奔客艙最後一排就座。她少言寡語，眉頭顰蹙，舉止呆板，憑一種直覺空服員感到這位老太太肯定有心事，為此，在供應餐飲服務的時候，盡量與她多交流，希望關懷能讓她的心情有所好轉。

可是偏偏事與願違，越是想提供最好的服務，越是出了麻煩。就在空服員送餐給老太太時，由於她神情恍惚，不小心抬手把整整一盒麵條全部打翻，扣了自己一身。頓時，她勃然大怒，眼睛直瞪著空服員，毫不掩飾地發了一頓脾氣：「你這是怎麼搞的，服務這麼差勁！」

分析：身為空服員面對這樣的情形時，絕對不能推卸責任，更不能與旅客爭執，需要馬上向老太太溫和地道歉，拿來小毛巾幫她擦拭被弄髒的衣物，以便使她立即消氣。隨後空服員可以幫她放好餐桌，再重新端來一份熱騰騰的麵條。在隨後巡視客艙時對她多加關心：她看報紙時，輕輕地為她打開閱讀燈；她睡覺時，悄悄地為她關上通風口，蓋上一條毛毯；她睡醒時，及時奉上一杯熱茶……以細微的關懷慢慢打開旅客的心扉。

━ 案例 ━

某空服組執行由桃園─東京航班時，在桃園機場地面特服人員用輪椅推著一個老太太上飛機，老太太哭得像一個淚人似的。座艙長急忙迎上去，把老人安排到座位上坐下。座艙長想老太太可能是腿腳太疼痛才哭，她趕緊用毛巾為老太太擦眼淚，讓她喝口水。這時老太太情緒稍微穩定了一些，也不哭了，座艙長蹲在老太太的座椅旁問她哪裡痛，好幫她揉一揉，老太太這才向座艙長說出了事情的原委。

老太太是日本人，前一天透過電話在××航空公司桃園售票處購買機票時，售票員沒有聽懂老人的要求，本來要買大阪的機票，結果送票員遞給她一張到東京的機票。老太太想換成第二天到大阪的機票，又考

慮到自己的臨時護照馬上到期，不走不行了，別的航班也沒有機票了，只好忍受被騙的感覺接受了現狀。剛才在候機廳，患有糖尿病的老人託運三件大行李，又隨身攜帶了兩大件行李登機，由於心裡一直在想她女兒懷抱 6 個月大的嬰兒在大阪機場接自己，自己又只能先到東京機場，一不留神把腳扭了，地面特服人員只好用輪椅把老太太推上來。坐在輪椅上，原本就感到委屈傷心的老太太越想越難受，便號啕大哭起來。

飛機起飛後，老太太又哭起來了，座艙長對老太太說：「老人家不要哭了，我們大家一定會想辦法把您送到您的家人那裡，讓您順利到家。」並立即向機長說明了情況，希望透過空中無線電聯繫東京機場，了解東京到大阪的新幹線最晚一班是幾點鐘，看老太太能不能趕得上。假如老太太趕不上，就求助航空公司駐東京辦事處，幫忙送老太太到飯店住一夜，第二天再想辦法。

3 個多小時的航程中，老人得到了空服組細緻入微的照顧。為方便老太太上廁所，空服組把她的座位調到後艙第一排 3D，空服員攙扶老人去廁所。空服員得知老人患有糖尿病後，就不厭其煩地多次送去溫開水讓老人喝；看見老人不停地哭，就用小毛巾為老人擦淚擦臉。老人被空服組的服務感動了，她告訴座艙長說：「我本想回到日本後，上法庭告 ×× 航空公司，是你們用真心打動我，為公司挽回了聲譽，我感謝你們。」

飛機降落在東京機場，座艙長又向航空公司東京辦事處工作人員講了這位特殊旅客的情況，請他們打電話聯絡老人的家人，自己和該辦事處人員立即用輪椅將老太太推到行李提取處取行李。老人女兒的電話終於打通了，但由於嬰兒太小不方便從大阪到東京來接老人。座艙長急忙推著老太太和她的 5 件行李直奔候機室外大巴士車，還有 5 分鐘末班車就要開走了，大家齊心協力把老太太和行李一同送上車。上車後老太太更加激動，又哭得像一個淚人似的，不停地向大家致謝。順利回到了家的老人，向家人講述了自己回家的經歷，家人也被空服組的真情服務所打動，立即寫了表揚信給客艙部長官，表達他們對空服組的感激之情。

分析：細緻入微的真誠服務在於每個細節都考慮、落實得很到位，把

客艙服務延伸至整個行程。

二、登機溝通訓練

1. 登機時的一般問候是：「您好，歡迎登機！」

練習要點：問候時，身體微微前傾，15°鞠躬問候，要面帶微笑，目視對方說：「您好！」然後鞠躬。注意語氣親切、柔和，鞠躬時身體和脖子成一條直線，而不能脖頸耷垂，起身動作要優雅。

2. 真正的服務隨環境的變化而變化，問候也不是一成不變的

1. 如果乘客很多，上機速度很快，也可以微笑目視乘客，微微點頭，直接問候：「您好！」
2. 遇到飛機延誤等情形可以根據具體情況靈活掌握。比如，登機問候可以改為：「對不起，讓您久等了！」等。

── 案例 ──

一名乘客拿到某航線的包機機票。辦完票，廣播通知飛機延誤半小時。對於飛機延誤，該乘客已經習以為常了：飛機嘛，不確定因素太多了，也就沒有必要責怪了。半小時後開始登機時，該旅客在登機口聽到空服員一聲聲真誠的道歉：「很抱歉，耽誤您寶貴時間了！」有點意外，但很溫暖。好感頓時化解了旅客們對延誤的怨氣。試想，如果每一個航班都像這樣，很多航空公司和旅客的糾紛都會化解在萌芽之中了。

登機後，空服組熱情引導旅客，協助放行李，差不多滿客的機艙很快

完成了登機。對於這種滿客旅遊包機，這麼快的上客速度，充分說明了空服員扎實的專業技能。

分析：服務伊始，座艙長可以介紹全體空服人員。這樣的介紹很新奇，能一下子拉近與乘客們的距離。這種讓旅客近距離了解和接近空服組的工作方法展現了航空服務以人為本的內涵。

三、客艙交流訓練

空服應該本著真誠的態度營造一種親切的氛圍，讓旅客進入客艙有一種賓至如歸的感覺。這種親切的職業形象容易拉近與旅客的距離，在服務過程中顯得輕鬆自如，服務水準也能得到最大限度的發揮。

服務沒有好壞之分，關鍵在於是否用心去服務。旅客進客艙，關上艙門，從那一刻起，大家就像一家人一樣，空服員就是旅客的親人、老人的子女、小朋友的哥哥姐姐、同齡人的朋友。為旅客服務就要用心去接觸，讓旅客感到我們在時刻關懷著他們，用心、用情去闡釋服務的真諦，服務才能夠在客艙中得到延伸。

━ 案例 ━

某航班空服員巡艙到 12 排 A 靠窗的座位時，發現一位老爺爺默默地看著窗外，一言不發，臉上帶著焦慮的愁容。旁邊的座位是空的，空服員走到老人旁邊，輕聲地問道：「爺爺，有什麼需要我幫忙的？幫您倒一杯開水好嗎？」「不用了，我就是有點累了，已經兩個晚上沒有睡過，我休息會兒，沒事。」儘管老人的國語不太標準，但空服員還是慢慢地思索著他說的話。「哦，爺爺，如果身體不舒服您儘管和我說，我隨時會到您身邊。」「謝謝了，妹妹，我身體很好，就是急著想回家看看老伴，她剛

剛被送往醫院，我心裡著急怕她出事啊！」「哦，您千萬別慌，相信她會沒事的，您也要好好休息，別累著了。」儘管不知道老爺爺的老伴得了什麼病，但空服員盡量地安撫老人。看著老人乾裂的嘴唇，空服員送來一杯溫開水和一條熱毛巾，希望能夠擦去老人風塵僕僕的疲憊。儘管對老人的「心病」愛莫能助，空服員還是像對待自己的爺爺一樣，有空就走到他旁邊，時刻關心他的需求，與他聊上幾句，替他解解悶，分散他的注意力，就當是盡子女的一份孝心。下飛機時，老人特意走到這位空服員跟前，發自內心地說了聲：「謝謝啊，妳就像陽光一樣，很溫暖！」

四、飛機延誤時的溝通訓練

飛機延誤是乘客最不願意看到的事情，特別是在盛夏的季節，當乘客都上飛機後發生這樣的事情，乘客更是無法容忍，牴觸情緒可能很激烈，這時尤其是對空服員溝通能力的嚴峻考驗。空服員要面帶微笑、不厭其煩地耐心解釋，更要對乘客的不滿提問從安全角度予以勸解，使其從心理上接受民航「安全第一」的原則。

如某航班延誤後，空服員在候機期間主動為乘客服務。在發飲品時，一位年輕人大聲嚷道：「這樣的破飛機，你們公司還能賺到錢嗎？」空服員告訴他：「先生，首先感謝您對我們公司效益的關心，效益對於一個航空公司來說真的很重要，但是比這更重要的是您的安全，正因為我們的公司向每位旅客承諾了安全，所以在安全的問題上我們不能有一絲馬虎。」不卑不亢，往往可以收到意想不到的效果。

── 案例 ────────────

一個炎熱的夏天，某航班起飛的時間正值中午，飛機在旅客全部登

機後出現了故障。當時，機艙外的溫度超過了 30℃，由於飛機故障導致空調系統無法啟動，加之旅客人數多，飛機密封不通風，機艙內的溫度達 40℃，旅客的抱怨聲此起彼伏：「這哪裡是坐飛機，簡直是洗三溫暖！」「你們這也叫飛機？！」「我們要退票！」「服務員，再這樣下去，我父親的心臟病會犯的！」……空服組很能理解旅客的心情，在廣播中對由於機械故障給旅客帶來的不便表示歉意，並希望透過空服員的服務來彌補。座艙長與機長協商將客艙門全打開通風，與地面保障部門聯繫申請配備了大量冰塊，用小毛巾包上冰塊發放給每一位旅客，然後向旅客發放冷飲。空服員們穿梭在客艙裡，為年齡大的老人更換了寬敞的座位，用報紙折成一把把小扇子……汗水和微笑同樣掛在臉上。難熬的一個小時終於過去了，飛機故障排除了，在 40℃的高溫下工作，空服員的襯衫和背心都溼透了。當座艙長帶領空服員們站在客艙裡對旅客的理解和支持表示感謝時，客艙裡響起了經久的掌聲。

五、客艙十項涉及安全的溝通事項

客艙安全不僅是空服的責任，還與每一位乘客息息相關。自旅客登上飛機那一刻，空服人員就開始播放安全須知，提醒旅客繫上安全帶，收餐桌，拉開遮光板，反覆確認移動電子設備是否關閉，時刻注意客艙的每個變化和異常，空服人員要把客艙安全檢查、溝通貫穿於服務的整個過程中。

1. 客艙廣播

航空旅行非常安全，但為避免意外，旅客應注意聆聽空服員在起飛之前的講解，了解在緊急情況下如何使用氧氣面罩和緊急情況下的各種處置方法。為了引起乘客重視，空服員除了正常講解之外，針對乘客提出的相關問題要會解答。

2. 安全須知

安全須知，顧名思義，就是讓乘客了解飛機上和安全有關的設備、注意事項等，從而更好地保護乘客的安全。機型的設備和出口常常是不一樣的，空服員要注意把區別較大的地方告訴乘客。

3. 手機

登上飛機後就應關閉開啟著的手機等無線電設備，以防干擾飛機與地面的無線訊號聯繫。從關艙門開始到打開艙門手機都是禁止使用的，許多旅客都知道使用手機會影響導航系統，但隨著手機的不斷更新，商家推出了帶有飛行模式的手機。這種手機在飛行中同樣是不能開機的，民航總局並未認可其飛行模式，這只是商家的促銷手段，所以空服人員同樣應禁止旅客在飛行中使用飛行模式的飛機。

4. 大件行李

機票上規定了旅客隨身可帶的行李重量規格，大件行李在出口通道都不能放，艙單中有一項是算起飛重量的，如果超過起飛重量，飛機起飛時沒拉起來，後果將不堪設想。遇到很多乘客有大件行李，空服員一定要及時勸說、制止。

5. 出口座位

空服人員首先要學會目測坐在出口座位的旅客，看其是否適合坐在這裡。接下來要向乘客講解出口座位和安全門，並提醒乘客正常情況下千萬不要拉動緊急窗中門。如果緊急情況發生時而窗外又沒有危險，該乘客需要迅速打開緊急窗口，協助其他旅客撤離。因此，為了旅客安全，空服人員可以適當調整出口座位的旅客。

6. 繫安全帶

常常有乘客認為安全帶「繫上不舒服」或者「沒關係我不怕」，如果飛機遇到不好的天氣，急速下降幾百公尺，沒繫安全帶就會成為空中飛人，即使不得腦震盪，頭上也得腫個大包。所以，空服人員一定要要求乘客在飛機起飛、下降和顛簸時繫上安全帶，防止因飛機顛簸而受傷。

7. 收餐桌

收餐桌是為了在緊急撤離時無障礙，保證個人能以最快的速度離開飛機。收餐桌是為了旅客個人的生命安全，這一點尤其需要告知乘客。

8. 收桌椅靠背

收桌椅靠背是為了緊急撤離時後排的旅客們能快速離開飛機，要是乘客在起飛、下降時忘記收靠背必須提醒他。

9. 打開遮光板

起飛和下降時都要打開遮光板，首先是為了便於靠窗乘客觀察窗外有無異常，有情況可及時通知空服員；其次，發生緊急迫降後如果沒能及時離機，救援人員能透過窗口看到乘客並使其得到及時救助。

10. 禁止抽菸

在飛機上抽菸容易引起火災，航班是絕對禁止抽菸的，連機坪上也是不允許的。在飛機上抽菸是違法的，將處以罰款和拘留的重罰。空服員在看到乘客抽菸行為時，要曉以利害，堅決制止。

空服工作是一個很具有挑戰性的職業，需要付出很多的心血和代價。

比如，某航班一名旅客不知在哪兒受了一肚子怨氣，一上飛機，總想無理取鬧，找點麻煩發泄一下。空服員看到這位旅客滿臉怒容，知道他的心情一定很壞，便不失時機地主動上前與他搭話，盡可能幫助他解除煩惱。剛開始的時候乘客不領情，對空服員的熱情服務熟視無睹。經過空服員一路上真誠、耐心的服務，乘客終於有所感動，情緒漸漸有所緩和。恰好該乘客的手機落在了洗手間，空服員發現後及時交給了他。臨下機時，這位旅客頻頻稱讚航班服務好，希望有機會再見，並對自己剛上機時惡劣的態度向空服員表示道歉。其實，用真心換來旅客對空服員的理解和感謝，也是空服組人員工作的最大動力。

模擬訓練

■一、飛機延誤溝通訓練

情節：飛機起飛時間已經到了，但由於空中氣流的原因，飛機無法起飛，機艙內的溫度已經很高，有的旅客非常急躁，你怎樣與這樣的旅客溝通並為其服務？

提示：首先必須向旅客道歉，並說明晚點是由於空中氣流的原因，然後為每位旅客倒一杯冰水或冰飲料降溫。

■二、對乘客的非禮和不禮貌行為的拒絕訓練

情節：在飛行的過程中，有一位乘客突然色瞇瞇地拉著空服員問：「小姐，妳真美，能不能請妳喝酒？」妳應該如何回答？

提示：在飛機上遇到這種情況，千萬不要害怕或害羞，這樣會使乘客得寸進尺，提出更多無理的要求。這時一定要鎮定，大方地婉言拒絕，可以說：「先生，非常感謝您對我們 ×× 航空公司空服員的肯定，但是我們在上班時間是不能飲酒的，非常抱歉。」

■三、保證安全情況下的溝通訓練

情節：飛行途中，乘客們發現了一位當紅明星，很多乘客爭著向明星索要簽名，此時你該怎樣與乘客溝通？

提示：飛機在飛行的過程中，飛機上的配平都已經固定好了，如果有大量旅客湧向一端，會對飛機平衡造成威脅。在這種情況下一定要控制住旅客，避免大量旅客的轉移。可以向旅客解釋說：「女士們，先生們，這樣大量旅客湧過來會對客艙平衡造成危機，為了大家的安全請暫時回到自

己的座位。再說旅途過程中也很辛苦，我們先讓這位先生（女士）好好休息。等飛機落地後大家再索要簽名，好嗎？」

■四、一般常見情景訓練

情節 1：空服人員為帶小孩的旅客服務時，應注意哪些問題？

提示：上機時，幫助提拿行李，安排他們坐好。提醒陪同人員在飛機起飛、下降和「繫好安全帶」燈亮時，幫助兒童繫好安全帶並注意其在客艙內的安全。送餐飲時，徵詢陪同人員的意見，盡量以冷飲為主。若小旅客需要熱飲，則須叮囑陪同人員防止小孩燙傷。

情節 2：空服員在飛機上遇到熟人時應該怎麼辦？

提示：正常迎客，等到客艙服務間隙再走到該乘客面前，如該熟人座位在通道處，蹲下與熟人輕聲交談，以免打擾其他乘客；如該熟人坐在裡面則輕聲打招呼，詢問是否需要幫助即可。切記不要讓旁邊乘客有被冷落的感覺。

情節 3：飛機起飛後不久，乘客對聽到轟隆的噪音感到恐懼，如何解釋？

提示：這是飛機收起落架和襟翼時產生的聲音。飛機起飛後，大約在 10 公尺的高度上（這一高度因飛機的不同而異），駕駛員將起落架和襟翼收起，以提升飛機的空氣動力性能，使飛機更快地爬升。如果旅客坐在客艙中央和靠近機翼處，就會聽得更加清楚。

情節 4：飛機有時在降落著陸時反覆 1～2 次，如乘客提問應如何回答？

提示：重飛，是保證飛行安全的措施之一，而復飛的原因有多種：有

的是因為機場有障礙，有的是因為飛機本身有故障，更多的原因是天氣壞、能見度低等。因為飛機著陸，有一個決斷高度，當飛機下降到此高度時，駕駛員認為不具備著陸條件，就要加油門，重新把飛機拉起復飛，然後再次進行著陸……多次復飛，駕駛員如覺得無法達到著陸的要求時，為了安全，飛機就要改落備降機場了。

情節 5：在航班上空服員為旅客提供正餐服務時，機上的正餐有兩種熱食供旅客選擇，但供應到某位旅客時他所需要的餐點品種剛好沒有了，空服員非常熱心地到頭等艙找了一份餐送到這位旅客面前。如果你是空服員，該怎樣與旅客溝通？

提示：空服員要注意說話的技巧，先對乘客表示歉意，態度要誠懇；然後說明情況，一定要強調是特意到頭等艙為乘客取來的，絕對不要讓乘客誤以為這是頭等艙剩下的。

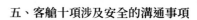

第五單元
空中服務溝通與播音綜合技能訓練

俗話說:「臺上一分鐘,臺下十年功。」身為一名空服服務人員,良好的溝通能力和技巧來自於其自身的良好素養,來自於平日的勤學苦練。得體的舉止、廣博的知識、機智的反應能力,再加上高超的服務技巧,這不僅是空服服務行業自我發展的需求,更是時代發展的要求。

PART 1

空中服務溝通內在素養訓練

　　乘機旅行對人們來說是一項重要的出行活動，做好相應的客艙應急服務會極大提升臺灣航空公司的國際競爭力。飛機上的服務看似簡單，但要在飛行中站得正、走得穩、遞得準、拿得起，絕非一日之功。服務工作無止境，只有不斷地學習和提升自身的綜合素養才能搞好，更好地滿足旅客的文化需求。為了延伸服務的需求，空服員必須將業務素養的修練延伸到工作以外的業餘時間。

一、客艙安全常識

　　保證客艙安全是做好服務工作的重要前提，客艙中應注意的安全隱患預防大致有以下幾方面：

1. 地面安全檢查細緻到位

　　飛機上設置了緊急出口，並配備有緊急自動充氣滑梯，在座位下面設置有救生衣以備旅客使用，防止出現意外情況。

　　空服員上飛機後的第一件事就是要檢查各自所在區域的緊急設備是否在待用狀態，是否完好以及各項緊急設備的所在位置，當然還包括各種緊急設備的使用方法和注意事項，這是為了保證在遇到緊急情況時能夠有效地與乘客溝通，緊急採取各種措施，是客艙杜絕安全隱患的有效方式之一。為了培養合格的空服員，各航空公司常常對準空服員進行緊急脫險模擬訓練。

　　如某航空公司曾進行過以下情景的訓練：「鎮定，沒關係！鎮定，沒關係！」空服人員不斷大聲安慰旅客。飛機上正燃燒著烈火，一百多名旅客發出驚呼，3 名空服員幫助旅客一一穿上救生衣、脫鞋，收取旅客身上的尖銳物品。隨後，她們迅速打開艙門，引導旅客走到出口，打開氣墊，攪

扶旅客逐一滑向地面，撤離客艙。

案例

> 某航班乘客正在陸續登機時，飛機緊急出口的充氣滑梯突然彈出。原來這是由於空服員在待命時誤按了緊急出口的按鈕，登機的乘客虛驚一場。這次事故未影響其他航班正常起降。

2.地面清艙認真落實

地面工作的另一方面是要保證在旅客上機前，清除飛機中的任何外來人和外來物，這是預防各種人為突發事件的第一步，對於任何可疑人和可疑物都要在地面徹底處理，以防在空中發生各種意外事件，確保空防安全。

3.注意觀察上機旅客

一名優秀的空服人員要善於在旅客上機時就觀察每位旅客，對他們的一舉一動都要留心和分析，從而對飛機上的重點服務對象做到心中有數。從旅客登機到入座甚至到最後下機，空服人員都要細心、耐心，在服務的同時更重要的是觀察他們、了解他們，讓他們在工作人員的「眼皮」下，享受高品質服務。如在某航班上，旅客剛剛落座，一位先生就問空服人員：「小姐，一會兒有飯吃嗎？」空服員觀察到該乘客不好意思的樣子，就明白這名旅客可能是趕航班沒有用晚餐。但此趟航班不在配餐時間段，為了不讓旅客挨餓，空服員善解人意地說：「先生，我馬上為您取一份來。」然後在最短的時間內把自己的機組餐送給了旅客。

4. 制止超大行李進客艙

　　國外的許多機場都有一套行之有效的管理措施制止超多超大行李進客艙，然而在許多航班中，旅客攜帶超多超大行李登機卻成了習慣，尤其是載客率高的熱門航線，屢禁不止。許多旅客為了自己方便往往將行李拿進客艙並堆放在空座位或地板上，導致因飛機遇到強烈顛簸，行李飛起砸傷旅客或散落在通道上的事件時有發生。如果發生需緊急撤離的情況時，這些行李散落在通道上或是緊急出口處會帶來很多隱患，一方面會替飛機起降配載數據帶來錯漏計算隱患，勢必影響飛機的起降；另一方面對飛機遇到緊急迫降會帶來極大威脅，緊急撤離時客艙準備工作最關鍵的是要將所有浮動物品固定好，緊急出口處和通道上不得有任何障礙物品。如果客艙裡行李過多過大，易散落四處，放在座椅或地板上的行李在顛簸時易飛起砸傷附近的旅客。因此，空服員在迎客時應該在行李上嚴格把關，對於帶超大行李的乘客要及時勸說，協助其辦理託運。空服員應隨時檢查緊急出口和通道中是否堆積行李，絕對不能有任何鬆懈。

5. 妥善安排特殊旅客

　　對於什麼樣的旅客可以安排在緊急出口，什麼樣的旅客不可以安排在緊急出口，一個航班上最多有幾名嬰兒、幾名輪椅旅客，甚至一排座位中只能安排幾名嬰兒幾名輪椅旅客，民航運輸規則都有明文規定。所以，成批行動不便的老人、無人陪伴的兒童或小學生不應該被安排在同一航班上，更不能將他們中的一些人安排在緊急出口處，這些現象都是嚴重的安全隱患。要杜絕這種安全隱患就應該嚴格按照規定執行，每個細節都沒有可商量的餘地，這樣才能防患於未然。

6. 洗手間的檢控

　　空服員每次清潔洗手間時，不僅要保持它的清潔，更重要的是要觀察

是否有抽菸現象，旅客中是否有濃烈的菸味，周圍是否有菸頭，因為這是引起客艙起火的原因之一。飛機是一個全密封性空間，四周都有氧氣瓶，因此只要點燃火源就有著火的可能。空服員只要發現有一點徵兆就應該及時採取措施，一定要找到菸頭並隨時提醒旅客不要抽菸並闡述其嚴重性。因為如果旅客沒有完全把菸頭熄滅，如果我們無法及時發現旅客抽菸，等到煙霧報警器工作時可能就已經很被動了。

7. 謹慎檢查和操作廚房設備

廚房是空服員最應當細心的地方，那裡電源多，設備多，櫃子多，東西多，餐車多，各種因素都存在著安全隱患。廚房失火、電源跳閘、餐車衝出廚房、人員被砸傷等情況都曾經出現過。所以每個空服員無論是否為廚房空服員，在進入廚房時都要有心地檢查一遍廚房，簡單的一個巡視就能杜絕很多隱患。不只在起飛降落時要關閉各種電源，扣好各個鎖扣和櫃子，要養成隨拿東西隨手扣好鎖扣和櫃子的習慣。在使用廚房設備時也要謹慎，嚴格按照各個設備的使用方法操作，絕不能偷懶圖省事。

8. 特別小心餐車在客艙中的使用

餐車是在客艙服務的重要工具，也可能經常出現隱患，比如不留神撞傷和燙傷旅客等。因此在送餐飲時，每當餐車停下必須踩煞車，這是空服員必須養成的職業習慣。當餐車在外時一定要有人看管，在推出餐車時一定要及時提醒旅客小心，注意觀察是否有旅客身體在通道外，在送水時要時刻提防不要燙傷旅客。這些都是空服人員需要時刻提醒自己的一個個細節。

9. 嚴格按照規定操作分離器

對於每個空服員來說，分離器都是敏感的，需要十分細心。嚴格按照

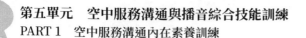
規定操作是最為安全的，其程序分幾步：先嚴格按照口令進行操作，然後自查，最後互檢。在外站停留時，艙門沒有銜接物時也要注意掛上門欄警示繩，以防有人員損傷。

當然要預防客艙中的安全隱患要做的還不僅僅是這些，預防安全隱患需要空服員從每個小細節做起，需要細心、耐心、責任心，需要心到、眼到、口到、手到。

二、急救常識

空服人員需要熟練掌握一些常見病的救治方法。機上不同於地面，一旦有乘客身體不適，空服人員必須能夠迅速妥善處理。為了提升急救技能，空服組人員要經常在一起探討機上常見病的急救技巧，如心肌梗塞應該怎麼處理、腦出血怎麼應對等。在平時訓練時可選出一人模擬病患，以練習心臟按壓、脈搏監控等。事實證明，許多在機上突然發病的乘客都在空服組的及時救護下轉危為安。

（一）機上常見不適病症處置方法

1. 暈機

暈機和暈車、暈船等一樣，醫學上統稱為運動病。暈機症狀因人而異，有輕重之分，輕者表現為頭痛，全身稍有不適，胸悶，臉色緋紅；重者則臉色蒼白發青，頭痛心慌，表情淡漠，微汗；更嚴重的會出現渾身盜汗、眩暈噁心、嘔吐不止等難以忍受的痛苦。造成暈機病的因素很多，飛機顛簸、起飛、爬高、下降、著陸、轉彎，心情緊張、身體不適、過度疲勞等。一般身體健康者和有輕微暈機病的人坐現代化大型客機，都不會發

生暈機。

　　救治方法：可以事先服用暈機藥，降低中樞神經的敏感度；這類症狀也可以靠自我訓練去克服，例如增加搭機次數；乘機時在安全許可下定時做些肢體伸展運動，可以減輕和避免暈機。

1. 一般的頭痛，患者自己可用雙手食指分別按壓頭部雙側太陽穴，壓至脹痛並按順時針方向按揉約 2 ～ 3 分鐘，頭痛便可減輕。

2. 飛機飛行過程中機艙內的氣壓會因飛行高度變化而變化，此時旅客會感到耳堵、聽力下降，耳膜發出「砰砰」的聲音，或者有充脹的感覺。為了平衡壓力，可以頻繁吞嚥、嚼口香糖或打呵欠。

3. 如果上述兩種方法不起作用，可使用「咽鼓管充氣檢查法」：

① 捏緊鼻孔，吸一口氣。使用兩頰和咽喉的肌肉，把氣體壓入鼻子後部，就像要把旅客的手指從鼻孔裡吹掉一樣。

② 試著輕輕地吹，簡短地連續做幾次。當聽到或感覺耳朵有「砰砰」聲，旅客就成功了。不要把氣體壓入肺部和腹腔（橫膈膜），這會產生太強的壓力。

4. 飛機下降過程中壓力的變化會使嬰兒特別不安。讓他們叼著奶瓶或奶嘴會有所緩解。

2. 胃痛

　　有乘客胃痛時，用雙手拇指揉患者的雙腿足三里穴（位於膝下三寸，脛骨外側一橫指處），待有酸麻脹感後持續 3 ～ 5 分鐘，胃痛可明顯減輕或消失。

3. 血壓驟升

按壓勞宮穴（握掌時中指尖抵掌處），可控制血壓並使血壓逐漸恢復正常。其方法為：用大拇指從勞宮穴開始按壓，再逐個按壓每個指尖，左右交替，按壓時讓患者保持心平氣和、呼吸均勻。

4. 氣喘

用大拇指指端，在患者一側魚際穴處（手掌的大拇指根部）用力向下按壓，並作左右方向按揉，3 分鐘可見效。南航某航班上就曾發生過乘客因氣喘高空昏迷危及生命的事情，在機組成員和乘客的共同努力和地面指揮的配合下終於轉危為安。

5. 鼻出血

飛行中有人偶然發生鼻出血，可迅速掐捏足跟（踝關節與跟骨之間凹陷處）。左鼻孔出血掐捏右足跟，右鼻孔出血掐捏左足跟，便可止血。

///. 乘機常識 9 //

嚴重暈機病患，採取以下預防措施可以避免和減輕暈機症狀：

1. 乘機的前一天晚上，保證充足的睡眠和休息，以便第二天乘機有充沛的精力。
2. 應在飛機起飛前 1 小時（至少半小時）口服暈機寧。
3. 盡量挑選距引擎較遠又靠近窗的座位，能減少噪音和擴大視野。
4. 在空中應盡量做一些集中精力的事和活動，如看書、聊天、聽

音樂等。

5. 保持空間定向是十分重要的。視線要盡量放遠，看遠處的雲和山脈、河流，不要看近處的雲。

6. 一旦發生暈機，在較輕的情況下，仍然不要中斷集中精力的事和定向遠眺；如果較重，應該安靜、坐穩，最好是仰臥、固定頭部。

7. 防止條件反射。發現與自己鄰近的旅客有嘔吐跡像，應立即離開現場或避開視線。

（二）客艙急救病症及案例

1. 心絞痛

心絞痛是一種由於冠狀動脈供血不足而引起的短暫發作性胸骨後疼痛，通常多見於冠心病患。

症狀：典型發作的心絞痛，每次歷時約數分鐘。患者疼痛劇烈時，大汗淋漓，臉色青紫，情緒緊張，表現出焦慮面容。

處理方法：解開患者衣扣和腰帶，立即調節座椅盡量放平使患者休息，如有條件立即讓患者吸入亞硝酸異戊酯一支或舌下含速效硝酸甘油片一片；或者讓患者吸氧，服鎮靜劑如安定、消心痛等。在一般情況下，經休息或舌下含硝酸甘油片後即可慢慢緩解。

當一時無法找到硝酸甘油片等藥物緩解時，空服人員可用拇指甲掐患者中指甲根部，讓其有明顯痛感，亦可一壓一放，持續 3～5 分鐘，並與指揮部聯繫，緊急備降附近機場，急送醫院。

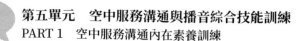
2. 暈厥

勞累、疲勞、中暑、飢餓等原因所致暈厥，會令病患突然昏倒，不省人事。

症狀：面色蒼白，大汗淋漓，病情緊迫。

處理方法：用拇指捏壓患者的合谷穴（虎口中）持續 2 ～ 3 分鐘，可望甦醒。

3. 腦出血

腦出血是指顱內血管破裂出血。

症狀：本病多見於高血壓、動脈硬化患者，40 歲以上中老年人多發。發病前伴有頭痛、頭昏、眩暈、肢體麻木、無力等前驅症狀。常在用力或情緒激動的情況下突然發病；發病時患者常感劇烈頭痛、嘔吐，隨即意識喪失，顏面潮紅，鼾聲呼吸，血壓上升，脈搏慢而有力，常有尿失禁，會有一側的面肌和舌肌癱瘓及偏癱，也有雙側癱瘓的。

處理方法：讓患者保持安靜，避免搬動，取頭高足低臥位，頭轉向一側，以防口腔內的分泌物及舌後退阻塞呼吸道。必要時可吸氧，可給降壓藥和止血藥等。廣播請乘客中的醫師參加搶救並向地面報告，做好急救準備。

4. 急性心肌梗塞

急性心肌梗塞是由於冠狀動脈急性閉塞，使部分心肌因嚴重持久缺血而發生的局部壞死。絕大部分是由於冠狀動脈粥樣硬化引起。

症狀：突然發生的胸骨後或心前區劇痛，並向左臂放射，疼痛持續 30

分鐘以上，大汗淋漓、噁心、嘔吐、腹脹、面色蒼白或發紺、脈搏弱而快、血壓下降、呼吸困難。經休息或舌下含服硝酸甘油片無效。表現為煩躁不安，痛苦面容。

處理方法：保持絕對安靜，平臥、禁止搬動，立即吸氧並吸入亞硝酸異戊酯一支，並給鎮靜、止痛藥，最好肌肉注射杜冷丁 50 毫克 / 次或嗎啡 5 ～ 10 毫克 / 次。廣播請乘客中的醫師參加搶救工作並立即通知到達站做好急救工作。

━ 案例 ━

　　2005 年的 9 月 10 日是首個「世界急救日」。當天，某航班上發生了焦心而又感人的一幕，一名 30 多歲的女乘客突然發病，空服員利用所學的急救知識，將這名患者一路搶救直至飛機備降在深圳機場，平安地轉入醫院。據當班座艙長介紹大約起飛有 15 分鐘時間時，機上有一名女乘客出現四肢麻木及缺氧症狀，機上空服員一邊廣播尋找醫生援助，一邊組織空服員利用平常所學急救方法對患者實施現場急救。經向機長報告，考慮到患者病情嚴重——儘管呼吸正常，但心臟依然有供氧不足的症狀，並且在飛機上已使用了 6 瓶氧氣，飛機只好在深圳機場備降。在四名同行者陪同下，該乘客由醫院急救車接到當地醫院進一步救治。

（三）其他外傷病患

由於傷口未癒合，在高空封閉、缺少水分的情況下，空服員應親切詢問患者的需求，留心關注這部分乘客傷口是否滲血，及時為他們提供藥品，準備消毒毛巾、冰塊，提供喝水吸管等。

─ **案例** ─

　　某航班空服員迎客時，發現一名臉上纏著繃帶嚴重燒傷的特殊旅客，一同登機的旅客都被那張燒傷的臉嚇得躲出很遠。空服員一邊熱情、自然地向他問候，一邊為他安排了一個較安靜的座位。提供飲料時，空服員首先將一瓶礦泉水擰開蓋，並細心地插上了一根吸管遞給了這位旅客，因為他那纏著繃帶的嘴已無法像正常人那樣喝水。他充滿感激又略帶吃驚地抬頭看了空服員一眼，輕聲說了句「謝謝」。由於客艙內很乾燥，這名旅客尚未痊癒的傷口開始乾裂向外滲血，他那痛苦的表情很快就被一直留意他的空服員發現，在得知他隨身未帶任何藥物時，空服員將乾淨的小毛巾在沸水中煮了消毒，放涼後再送到旅客的手中……

三、各國禮儀常識訓練

　　各國風俗民情各不相同。掌握一些主要客源國乘客的風俗和禁忌對空服服務中的人際交流十分必要。客艙服務中只有做到了解國外人們的種種風俗和忌諱，才能避免不禮貌、不得體的情況發生，這也是涉外溝通技巧的基礎。

（一）涉外禁忌

　　涉外禁忌是指在國際交流中，不同文化背景的人員之間在交流與應酬過程中應注意避免的事情。

1. 數字的忌諱

　　西方人認為 13 是不吉利的，應當盡量避開，甚至每個月的 13 日，有些人也會感到忐忑不安。西方人還認為星期五也是不吉利的，尤其是逢到

13 日又是星期五時，最好不舉辦任何活動。日常生活中的編號，如門牌號、座號、樓層號、宴會桌、汽車編號等也盡量避開 13 這個數字。

「四」字在中文和日文中的發音與「死」相近，所以在日本與韓國等東方國家被視為不吉利的數字，因此這些國家的醫院裡沒有四號病房和病床。在臺灣也是如此，如遇到「四」，且非說不可時，忌諱的人往往以：「兩雙」或「兩個二」來代替。另外，在日語中「九」發音與「苦」相近似，因而也屬忌諱之列。

2. 食品的忌諱

伊斯蘭國家和地區的居民不吃豬肉和無鱗魚；日本人不吃羊肉；東歐一些國家的人不愛吃海味，忌吃各種動物的內臟；敘利亞、埃及、伊拉克、黎巴嫩、約旦、葉門、蘇丹等國的人，除忌食豬肉外，還不吃海味及各種動物內臟（肝臟除外）；阿拉伯國家的人們不喝酒（伊拉克除外）。

3. 顏色的忌諱

日本人認為綠色是不吉利的象徵，所以忌用綠色；巴西人以棕黃色為凶喪之色；歐美許多國家以黑色為喪禮的顏色，表示對死者的悼念和尊敬；衣索比亞人則是以穿淡黃色的服裝表示對死者的深切哀悼；敘利亞人也將黃色視為死亡之色；巴基斯坦忌黃色是因為那是僧侶的專用服色；委內瑞拉用黃色做醫務標誌；藍色在埃及人眼裡是惡魔的象徵；比利時人也最忌藍色，如遇有不吉利的事，都穿藍色衣服；土耳其人則認為花色是凶兆，因此在布置房間、客廳時絕對禁用花色，愛用素色。

4. 花卉的忌諱

德國人認為鬱金香是沒有感情的花；日本人認為荷花是不吉祥之物，

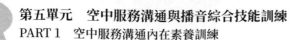
意味著祭奠；菊花在義大利和南美洲各國被認為是「妖花」，只能用於墓地與靈前；在法國，黃色的花被認為是不忠誠的表示；絳紫色的花在巴西一般用於葬禮；在國際交際場合，忌把菊花、杜鵑花、石竹花、黃色的花獻給客人，已成為慣例；在歐美，被邀請到朋友家去做客，獻花給夫人是件令人愉快的事，但在阿拉伯國家，則是違反了禮儀。

5. 其他忌諱

在使用筷子進食的國家，不可用筷子垂直插在米飯中；在日本不能穿白色鞋子進房間，這些均被認為是不吉利之舉。佛教國家不能隨便摸小孩的頭，尤其在泰國，人們認為人的頭是神聖不可侵犯的，頭部被人觸摸是一種極大的侮辱；住宅門口上也忌懸掛衣物，特別是內衣褲；腳被認為是低下的，忌用腳示意東西給人看，或把腳伸到別人跟前，更不能把東西踢給別人，這些均是失禮的行為。在匈牙利，打破玻璃器皿，就會被認為是厄運的預兆；中東人不用左手遞東西給別人，認為這是不禮貌的。英美兩國人認為在大庭廣眾中節哀是知禮，而印度人則相反，喪禮中如不大哭，就認為是有悖禮儀。

（二）一些主要國家的習俗

1. 日本

1.1 日本人的性格特點

第一，「愛面子」是日本人的共性，它是一個人榮譽的紀錄，又是自信的源泉，情面會強烈地影響日本人的一切，一句有傷面子的言語，一個有礙榮譽的動作，都會使事情陷入僵局，「面子」是日本人最重視的東西。因此，與日本人相處，應時時記住給對方面子。日本人講道義、重恩情，在

他們看來，「一個人永遠報答不了萬分之一的恩情」，知恩圖報，對他們而言是普通而又相當重要的事情。

第二，日本人比較含蓄，常常以笑來掩飾自己的真實情感。這展現在兩方面：

一是日本人習慣於談話時頻繁地隨聲附和、點頭稱是。「是」、「嗯，是嗎？」這類話語以及點頭俯腰姿勢等，據調查觀察，日常談話裡每幾秒鐘就發生一次。但是值得注意的是，所有這一切並不全意味著「說得對」、「明白了」這種肯定含義，有些只不過表示「啊，是嗎？」、「有那麼回事？」等，僅僅表示聽了對方的話之後所做出的一種反應而已。與有這種習慣的日本人接觸，要是認為「他在那時確實是表示肯定的」，那麼對該日本人來說可能卻是意料之外的事。反之，習慣於隨聲附和的日本人，對在談話中不表示任何反應的外國人則感到不安，他們會產生這樣一種感覺：這個人是否真的在聽我說話呢？

二是日本人即使自己持有明確的意見，他們也避免「我是這樣想的」、「我的意見是這樣的」等直接的表達方法，而採用「恐怕這樣吧？」、「我想這麼考慮，你看如何呢？」這種婉轉的措辭，明顯地認為這種表達方式是適當而有禮貌的。他們在語言表達上習慣於給對方留有考慮和判斷的餘地，顯示出在聽取對方反應後，再表示自己的主張的一種姿態。

1.2 飲食習慣

日本人自古以來就以米飯為主食，他們愛吃魚，一般不吃肥肉和豬內臟，有的人不吃羊肉和鴨子。蕎麥麵（Osoba）也是日本人所喜愛的大眾麵食之一。

日本空服員送報紙和毛毯時身體動作很有節奏，轉身時幅度小，講話輕聲細語。送飲料時，他們會彎下身子，笑容可掬地問清旅客所需，哪怕

只有 1 小時的飛行路程也會奉上飲料。每逢走到經濟艙和商務艙相接處，空服員總要回轉身來向旅客鞠上一躬，然後再掀開布簾進入另一機艙。旅客下飛機時，空服員站在門口，笑著鞠躬道謝。

2. 美國

2.1 性格

美國人性特別向，熱情直爽，不拘禮節。美國是一個時間觀念很強的國家，各種活動都按預定的時間開始，遲到是不禮貌的。

2.2 小費

美國社會有付小費的習慣，凡是服務性項目均需付小費，旅館門衛、客房服務等需付不低於 1 美元的小費，餐廳吃飯在結帳時收 15% 小費。美國人的早餐有：炒蛋或水煮蛋、香腸、油炸馬鈴薯片、薄煎餅、烤麵包、鬆餅、橘子汁以及咖啡等。

3. 法國

3.1 性格

第一，愛好社交，善於交際。對於法國人來說社交是人生的重要內容，沒有社交活動的生活是難以想像的。

第二，詼諧幽默天性浪漫。他們在人際交流中大都爽朗熱情，善於高談闊論，好開玩笑，討厭不愛講話的人，對愁眉苦臉者難以接受。受傳統文化的影響，法國人不僅愛冒險，而且喜歡浪漫的經歷。

第三，渴求自由，紀律較差。在世界上法國人是最著名的「自由主義

者」，「自由、平等、博愛」不僅被法國憲法定為本國的國家箴言，而且在國徽上明文寫出。

第四，自尊心強，偏愛「國貨」。法國人擁有極強的民族自尊心和民族自豪感，在他們看來，世間的一切都是法國最棒。與法國人交談時，如能講幾句法語，一定會使對方熱情有加。

第五，騎士風度，尊重婦女。在人際交流中法國人所採取的禮節主要有握手禮、擁抱禮和吻面禮。

3.2 飲食習慣

法國人愛吃麵食，麵包的種類很多；他們大都愛吃奶酪；在肉食方面，他們愛吃牛肉、豬肉、雞肉、魚子醬、鵝肝，不吃肥肉、寵物、肝臟之外的動物內臟、無鱗魚和帶刺骨的魚。

法國人特別善飲，而且講究在餐桌上要以不同品種的酒水搭配不同的菜餚；除酒水之外，法國人平時還愛喝生水和咖啡。

案例

某航班滿載著法國貴賓起飛。為了完成這次包機任務，空服員們多次奔赴航空總部，向國際航班的空服員們取經，了解法國的風俗特點，並多次召開「試餐會」，選定符合法國客人口味的正餐、水果、點心和飲料。因此，法國旅客一踏進客艙時，就聞到了怡人的百合花香味，甜美的空服員胸配鮮花，用流利、道地的法語歡迎他們到來。飛行途中，一份份外文報紙及時送到了他們手中，法國旅客用生硬的漢語告訴座艙長：「×× 是個美麗的城市，但 ×× 的空服員更美麗！」

4. 韓國

4.1 尊重老人

韓國人見面時的傳統禮節是鞠躬。晚輩、下級走路時遇到長輩或上級，應鞠躬、問候，站在一旁，讓其先行，以示敬意。男人之間見面打招呼互相鞠躬並握手，握手時或用雙手，或用左手，並只限於點一次頭。女人一般不與人握手。

4.2 愛國

韓國政府規定，韓國公民對國旗、國歌、國花必須敬重。不但電臺定時播出國歌，而且影劇院放映演出前也放國歌，觀眾須起立。外國人在上述場所如表現過分怠慢，會被認為是對韓國的不敬。

4.3 忌諱

韓國人普遍忌「四」字。因韓國語中「四」與「死」同字同音，傳統上認為是不吉利的，因此，在韓國沒有四號樓、四層樓、四號房，軍隊裡沒有第四師，宴會廳裡沒有第四桌，敬酒不能敬四杯，點香不能連點四人等。

此外，孕婦忌打破碗，擔心胎兒因此而裂嘴；婚姻忌生肖相剋，婚期擇雙日，忌單日；節慶期間要說吉利話；男子不能問女子的年齡、婚姻狀況；打噴嚏、打嗝時要表示歉意；剔牙要用手或餐巾蓋住嘴；與他人交接東西要用右手，不能用左手，因傳統觀念認為「右尊左卑」，所以認為用左手交接東西是不禮貌的行為等；忌談論北韓等敏感問題。

5. 俄羅斯

5.1 性格

俄羅斯人性格豪放、開朗、喜歡談笑，組織紀律性強，習慣統一行動。

5.2 禮節與愛好

俄羅斯人與人見面先問好，再握手致意，朋友間行擁抱禮並親面頰，與人相約講究準時。

他們尊重女性，重視文化教育，喜歡藝術品和藝術欣賞。

稱呼俄羅斯人要稱其名和父名，不能只稱其姓。他們愛清潔，不隨便在公共場所扔東西。

5.3 飲食習慣

俄羅斯民族認為給客人吃麵包和鹽是最殷勤的表示。日常以麵包為主食，魚、肉、禽、蛋和蔬菜為副食。他們喜愛牛、羊肉，但不大愛吃豬肉，偏愛酸、甜、鹹和微辣口味的食物。

俄羅斯人在中餐和晚餐時一定要喝湯，並且要求湯汁濃，如魚片湯、肉丸湯、雞汁湯等。通常他們不喝綠茶，優酪乳和果汁則是婦女、兒童們喜愛的飲料。

5.4 禁忌

與俄羅斯人交流不能說他們小氣。初次結識不可問對方私事，不能與他們在背後議論第三者，對婦女忌問年齡。俄羅斯特別忌諱「13」這個數

字，認為它是凶險和死亡的象徵。相反，認為「7」意味著幸福和成功。遇見熟人不能伸出左手去握手問好、學生在考場不用左手抽考籤等。

6. 阿拉伯國家習俗

6.1 阿拉伯各個國家之間的禮俗還有一些差別

沙特阿拉伯是最嚴格的伊斯蘭國家，那裡的人也特別講究禮儀。他們見面時首先要互相問候說「撒拉姆 阿拉庫姆」（你好），然後握手並說「凱伊夫 哈拉克」（身體好）。有的阿拉伯人會伸出左手放在你右肩上並吻你的雙頰。

阿拉伯人很大方。你不要老盯著他的手錶、襯衫鏈扣或其他東西，否則他會當場摘下來送給你，如果你拒絕的話，就會得罪他。

6.2 伊斯蘭教禱告

伊斯蘭教規要求每天做五次禱告，禱告時工作暫停，這時客人絕不可打斷他們的祈禱或表示不耐煩。

6.3 不要送禮

第一次和阿拉伯人見面時不要送禮，以免有行賄之嫌。

送禮給阿拉伯人，不要送不值錢的東西，也不要送帶動物形象的東西以及女人照片、畫片等，這是伊斯蘭教所忌的。還有，絕對不能送禮給阿拉伯人的妻子，而送禮給阿拉伯人的孩子卻會特別受到歡迎。可以送藝術品、書、唱片和音樂磁帶等表示有文化修養的禮品；送辦公用品，如筆架、計算機之類的東西也可以。

6.4 阿拉伯人禁吃的肉類

阿拉伯人禁吃豬肉，也不吃馬、騾、驢等牲畜的肉。伊拉克南部的什葉派穆斯林禁吃兔肉。有的阿拉伯人還不吃腳上有蹼的家禽肉，如鵝、鴨等，也有些阿拉伯人不吃無鱗的魚。此外，和阿拉伯人在一起時也不要喝酒。吃飯、喝茶千萬不能用左手，只能用右手，因為左手被認為是汙穢的，不能用來進食。

6.5 避談政治

跟阿拉伯人談話，應避免談論政治和宗教，不要在他們面前說「波斯灣」，而應該說「阿拉伯灣」，也不要談論諸如豬、狗一類他們忌諱的動物。

PART 2

空中服務特殊溝通技巧訓練

空服人員除了要有淵博的知識、誠懇的服務態度、專業的服務技能，還要掌握一些特殊情況下的溝通技巧。

一、用愛心和智慧去扮演旅客所需要的角色

身為空服員，有時需要扮演各種各類的角色，老人的子女、孩子們的叔叔阿姨、同齡人的兄弟姊妹、乘客的諮商心理師、患者的急救醫生、客艙安全員等，而這一切都需要用愛心和智慧去努力扮演。

（一）架起乘客間溝通的橋梁

━ 案例 ━

　　某航班上，有兩位老人，一位五六十歲的老先生，一位七八十歲的老奶奶，他們的臉上掛著不悅的表情，沒坐在一排。坐在前排的老先生雖然氣鼓鼓地，但仍不時地用關切的眼神望著老奶奶。空服員主動上前到老先生身旁，蹲下與他交談。老先生小聲說，那位老奶奶是他的老母親，快九十歲了。他剛離休，想把老母親接到自己家養老，不想路上因一點小事與母親拌了嘴，互相不說話了。了解了這一切，空服員對老先生說：「大爺，您放心吧，老奶奶就交給我照顧吧。」空服員為老奶奶蓋上了毛毯並說：「老奶奶，您的兒子怕您冷，讓我替您蓋上。」老奶奶愣了一下，笑了笑。空服員又為老奶奶送上了一杯白開水，說：「老奶奶，您兒子怕您喝不慣那些甜酸的飲料，讓我為您拿杯白開水來。」「老奶奶，這是您的兒子為您特訂的素食餐，味道好嗎？」……一路上空服員忙完正常的服務就去照顧老奶奶，老奶奶也漸漸地高興起來，說：「妹妹，妳怎麼對奶奶這麼好呢？」空服員說：「老奶奶，您啊，有一位孝順的兒子，是他讓我來專門照顧您的，您真有福氣，多讓人羨慕啊。」飛機還沒

到達，老先生已經坐到母親身旁了，看到他們有說有笑的樣子，空服員由衷地祝福兩位老人能健康長壽。

分析：在這種情況下，空服員應是一名調節員，耐心傳遞愛的資訊，有效地架起乘客之間溝通的橋梁。

（二）努力成為乘客的心理調節師

── 案例 ──

　　某航班上，空服員發現一位女乘客登機後一直低頭不語，神情緊張。當她過去詢問時，這名女子突然大哭，並不斷催促「飛機飛得快一點」。原來這名女子的丈夫剛剛出了車禍，生死未卜，心情焦急的她情緒有些失控，反覆強調再晚一點「最後一面也見不到了」。為了照顧這名女子，空服員幫她換到了靠近空服人員工作間的座位上，然後，空服組成員輪流陪她聊天，座艙長每隔一段時間就幫助該女子測量一次心跳，隨時監控，防止發生危險。在空服人員的勸慰下，這名女子的情緒逐漸平靜下來，後半段旅程還在空服員的照顧下，安靜地睡了一覺。事後，這名女子專門打電話表示感謝，同時也帶來一個讓空服組興奮的消息，她的丈夫已經脫離危險，正在康復中。

分析：遇到情緒失控的乘客，空服員應是心理調節員，了解乘客心理然後加以疏導，同時空服組還要分工配合，防止意外事情發生。

二、特殊情況下的溝通技巧訓練

（一）回答問題技巧

　　旅客來自不同的地方，有著不同的興趣愛好，提出的問題也是五花八門，是否掌握一定的回答問題的技巧，也就成為衡量空服人員溝通能力高低的一個標準。空服人員在回答問題時，對於原則性問題要是非分明，比如在回答一些涉及民族尊嚴、國家形象的問題時，一定要堅持原則，給予明確的回答。對於客人提出的比較刁鑽的問題，可採取「曲線迴避」的方法，比如可採用反問的方式，把問題退回給對方。

（二）乘客之間發生糾紛的調節技巧

1. 及時地為旅客傳遞各種資訊，把服務做在旅客開口之前

　　及時是一種明察秋毫的能力，及時地發現旅客的細小變動，用心體貼，善解人意，急旅客之所急，想旅客之所想，甚至在旅客本人還未明確地意識到他所需要的服務時，服務便來到了他身邊，與旅客求得心靈上的溝通，帶給旅客一種滿意和溫馨的感受。

── 案例 ──

　　某航班上，一名微有醉意的旅客引起了空服員的注意。當飛機途經山地峽谷上空時，由於氣流的原因飛機突然顛簸，該旅客當即感到噁心難受，一口穢物就吐到了前排旅客身上。空服員來不及細想，立即上前把雜物袋撕開遞給旅客，並關切地問他怎麼樣，隨後一邊向前排旅客道歉，一邊迅速找來乾淨的溼毛巾為其擦拭。前排旅客本來十分惱火，但

看到空服員的舉動，他感動地說：「你對旅客這麼好，我還有什麼可說的呢？」

分析：遇到有乘客因暈機等原因發生嘔吐時，空服員一定要及時把毛巾遞到乘客手中。必要時，可以視具體情況考慮是否替乘客擦拭。

2. 有效調節乘客間的矛盾

── 案例 ──

某航班中轉登機時，兩位中轉地上來的乘客要按照登機牌上的座位號就座，而位置已被先上的兩位乘客坐了，雙方互不相讓，吵了起來。座艙長上前問道：「我是本次航班的座艙長，有什麼問題我能幫忙的？」了解情況後她耐心地向那兩位後上的乘客解釋，按照民航有關規定，中轉站的乘客是不按位置坐的，見空位即可以坐；同時善意地提醒那兩位乘客，不要因為這點小事耽誤了大家的旅程。大概是這句話無意中激起了那兩位乘客早已就有的對本次航班延誤的不滿情緒，他們的聲音一下子提升了八度，變得氣勢洶洶：「明明是你們的飛機延誤了 1 個多小時，沒和你們算帳，現在倒還怪起我們耽誤時間來了！今天這位子老子是坐定了……」周圍還有不少人應和。

分析：調節糾紛時要本著尊重的原則，對雙方一視同仁，不能偏袒其中任何一方。同時要注意語言的委婉，先對出現這種情況表示歉意以平息雙方怒火，然後再商量解決的辦法。比如，座艙長這樣做就可以化解這場爭座糾紛：了解情況後先對為乘客帶來的不便表示歉意；然後耐心地向那兩位後上的乘客解釋：按照民航有關規定，中轉站的乘客是不按位置號坐的，有空位子均可就座；最後詢問後來乘客是否可以替他們安排到更方便的座位上。

3. 巧用幽默調節乘客之間發生的糾紛

案例

　　某國際航班上，空服組解決了一個發生在日本與英國旅客間的「小衝突」。

　　該航班頭等艙 28 個座位，坐了 25 位旅客。飛機起飛大約 30 分鐘後，坐在 2 排 A 座位的日本籍客人想從座位上起身出來。誰知一不小心，撞翻了餐桌上的飲料。桌上的茶水、啤酒一股腦全灑在了他旁邊英國旅客的褲子上，一條褲腿整個全溼了。

　　這位英國旅客大概準備去參加一個重要的邀請會，身著正式的西裝襯衣和西褲。一看這情景，他「騰」的一下急了，日本客人連忙道歉，然而兩人一個用英語，一個用日語，根本無法溝通，英國客人非常生氣。這時，頭等艙空服員忙上前來緩解旅客的情緒。同時，她們輪換著為英國旅客擦拭著褲腿上的水漬。到飛機快要降落時，英國旅客的褲腿經過反覆擦拭，漸漸乾了，可是他一直悶悶不樂，不吃不喝，也不說話。

　　這時，主任座艙長從掛衣間裡拿出英國客人上飛機時穿的上身西裝，半認真半開玩笑地對他說：「Excuse me, Sir. This is a Dry Suit.」（打擾一下，先生，這是件「乾式潛水衣」。——此處一語雙關，既可指這件衣服是乾的，也可以專指「乾式潛水衣」，所以才會產生幽默效果）為溼褲腿煩惱了一路的英國客人，聽到這話，終於忍不住笑了，他熱情地擁抱了座艙長，那位日本客人也感激地握住了座艙長的手。

（三）拒絕技巧

　　遇到這樣的事情如何處理呢？如一次航班起飛前，一位男性旅客一直在打電話，空服員反覆勸說，但旅客還是不停地撥打，還揚言要投訴她。

再如，飛機下降的時候洗手間是不能用的，但有的旅客就是要用，否則他就投訴……空服人員常常要忍住委屈的淚水做好解釋工作。其實，拒絕是有一些技巧的。

對於乘客提出的無理要求，空服人員要採用一定的拒絕技巧，做到措辭得當、態度誠懇且掌握一定的分寸，既回絕乘客的要求，又不要讓客人處於尷尬的境地。

1. 真誠致歉

遭人拒絕是一件令人尷尬的事，所以拒絕乘客某些不合理要求時一定要真誠，即使要求不合理也要委婉地說：「真的很抱歉，沒能幫上您的忙，還請您原諒。」這樣乘客會比較容易接受。如有個別乘客很喜歡飛機上的小毛毯或小碗，但民航規定這些東西是必須清點回收的，運用語言技巧進行拒絕必不可少。注意要耐心解釋民航規章，不要因為乘客不知情而流露出對乘客的責備語氣。

2. 婉言回絕

用委婉的方式從側面拒絕或用模糊語言迴避對方的鋒芒。如在飛機上空服員手中正拿著飲料，某乘客要求撤走空杯子，空服員說：「請您幫忙遞過來好嗎？」該乘客十分不滿，脫口而出：「我遞杯子，還需要你幹嘛？」空服員裝作未聽清，面帶微笑問道：「先生，您需要我做什麼？」該乘客的同伴連忙把杯子遞過來，一場矛盾無形中化解。

3. 化解不滿

如乘客對飛機設施不滿發牢騷，空服員可先感謝對方對民航工作的支持和關注，表示一定及時把該乘客的意見回饋給公司以便及時改進。

（四）說服人的技巧

1. 對航班中不文明行為的說服

說服不是件容易的事情，將會遇到種種有形、無形的抗拒，要說服有效更難。這不僅要求說服者的人品令人信服，而且要以對方關心的事為話題，符合對方的理解思路。一般來說應從讚賞和鼓勵開始，替對方保留面子，讓對方能夠理解你的難處和航空公司的規定，要使說話的氣氛保持融洽。

── 案例 ──

　　某航班收餐的時候，一位老奶奶給的餐盤中少了一個碗，因為是精品航線，所以是發托盤餐，餐具精緻小巧，讓許多客人愛不釋手，很多旅客都想把它帶走，而公司規定所有餐盤要按數回收。看到這種情況，空服員猜想應該是老奶奶將其收起來了，便微笑著俯身跟她說：「奶奶，您這個盤裡還少了一個碗，您再幫我找一下好嗎？」看見老奶奶很不捨，空服員又接著說：「奶奶，不著急，您什麼時候找到了，交還給我們就行了。」隨後空服員繼續去收其他旅客的餐具。巡艙的時候，看老奶奶沒有反應，空服員又走到她身邊，蹲下來跟她說：「奶奶，那個碗您找到了嗎？」老奶奶將頭靠近空服員，小聲地說：「我很喜歡那個碗，妳就送給我吧，小姐，我帶回去給我孫子玩。」聽到這兒，空服員微笑著告訴她：「奶奶，我非常想送給您，可這套餐具不是一次性的，回收消毒後還要重複使用。」老奶奶見說不動，又哀求著：「那上次坐飛機，她們都送給我了，妳就送我一個吧，聽話啊！」看著老奶奶這樣，空服員想到或許客艙裡還有其他的禮品可以送給這位老奶奶。於是，經過座艙長同意，空服員將印有航空公司標誌的原子筆送給了老奶奶。儘管是不一樣的禮物，但老奶奶也很開心，連聲說謝謝。

2. 對違規乘客的說服技巧

2.1 違反規定的制止

旅客違反安全規定要制止，但要注意方法，盡量避免矛盾激化，矛盾激化了只會造成更多的衝突。

如按照航空公司的規定，不允許私自穿救生衣。可有的乘客在空服員演示時非常好奇地把救生衣拿出來了，這時候空服員要立即進行制止和說服教育，說明利害關係。可先從乘客的角度入手：「這位乘客，您好！我很理解您對飛機非常好奇的感覺。這種救生衣是一次性用品，您打開後這件救生衣就報廢了，在飛機遇到危急情況時您和他人的生命就得不到保障了。」

2.2 處理方式

處理方式應視旅客行為帶來的後果（是否危及飛行）及旅客行為的性質（無意或有意）而定。

空服員在迎客時應注意觀察，及時制止旅客的不當行為。比如如果旅客已經將機上設備拿下來放了自己的行李，空服員應巧妙地詢問行李的主人是誰。然後幫他（她）找一個妥善的位置安排，最後再禮貌地向他解釋此位置是用於存放應急設備的，希望旅客能夠理解配合。在處理事情上應顧全大局，掌握好分寸。在自己能力範圍內可以解決的，可事後向機長匯報，以免干擾機長的正常工作，避免因處置過度而造成航班的延誤。

（五）處理飛機延誤技巧

飛機延誤時乘客情緒普遍煩躁，空服員要用加倍周到的服務來緩解旅客的煩躁和焦慮，同時，要在解釋時闡明航空公司是以安全為根本的，以

求得乘客的理解和支持。

（六）對特殊病患的溝通技巧

也許是因為和旅客相處的時間比較長的緣故，一些特殊案例往往都發生在長航線途中。特別針對一些病患，空服人員的溝通一定要講究技巧，多給予關心和鼓勵。比如有經驗的老空服員往往用「不用擔心，我們會像醫護人員一樣照顧您」來安慰受傷或者生病的旅客。

─ 案例 ─

　　在飛往倫敦的某航班上，飛機剛剛起飛 2 小時左右，空服員在第一餐送完巡視後艙時發現一位旅客眼睛一直閉著，直覺讓她在這位旅客的身邊多駐足了幾秒鐘，這時他的同伴——一位英國女士開口了：「他的腳不舒服，能不能墊高一點？」「當然可以！」於是空服員拿來了好幾個空座位上的枕頭，又告訴他如果需要幫助隨時可以叫她。

　　由於是白天飛行，4 小時後空服員又送了第二餐。長期的工作習慣會使空服員特別注意航班上的特殊旅客，當再次詢問這位旅客時，同行的那位女士說道：「他的腿發炎了，現在還發燒呢。」原來由於客艙光線比較暗又加上白種人汗毛比較重的緣故，他腿上的傷口完全被遮住了，沒有人注意，都認為是一般的撞傷罷了。那位女客人寫了一個她需要的藥名給空服員，希望能透過廣播詢問客艙中有沒有醫生攜帶了這種藥。仔細詢問之下空服員才了解原來那位受傷的客人是在泰國旅遊時被海蛇咬傷的，他曾在當地醫治過，沒想到在飛機上舊傷復發。

　　這時客艙經理聞訊趕來，了解情況後，安慰客人說：「不要擔心，我們會像醫護人員一樣照顧你的。」看了傷口後，經驗和直覺告訴她這位旅客的傷口有發炎，導致了低燒不退，於是她詢問旅客是否有自備藥

品，得知沒有後，她向旅客介紹飛機上有消炎藥和止痛藥，可能對他有幫助，兩位英國旅客聽說後非常高興。於是空服組立刻分工，很快取來了藥、棉花、紗布、水以及體溫計等，一位空服員蹲在旅客的身旁，在另兩位空服員的協助下，細心地為那位腿傷旅客用鹽水對傷口進行消毒清洗和包紮，並讓他服了藥。這時，乘客中的一位醫生很熱心地前來詢問，透過客艙經理的翻譯，這位醫生在旁邊做了些指導。忙完這一切，空服員蹲得腿都麻木了，但看到這位旅客不再為疼痛而抽搐，掛滿汗水的臉上露出了會心一笑。兩位英國旅客不停地說著：「謝謝！謝謝你們！你們辛苦了！」不多久客人就沉沉睡去了，空服員們也開始了新一輪值班，她們堅持每過一小時為病患測量體溫，不斷用冰冷敷，但是可能由於傷口發炎太嚴重的緣故，病患的體溫很難降下來，他要求再吃止痛藥，空服員一邊安慰他，一邊幫他冷敷，並且嚴格遵醫囑要在 4 小時以後再為他提供第二次藥。落地前，空服員為他們準備好了輪椅並且通知辦事處需要有醫生接待。當兩位空服員把客人扶下飛機時，兩位旅客說了很多感謝的話，空服員們則微笑著祝病患早日康復。

（七）對待飛機突發事件的溝通技巧

　　飛機上有時還會發生由於疾病和其他原因造成的飛機延誤，需要空服組成員根據實際情況按照民航規定做出相應處理。

　　由於乘客原因引起的突發事件，要了解事件的性質，盡量說服教育，在說服教育無效的情況下，以民航安全為首要原則。如旅客登機後中途下機或者辦理了行李託運後沒有登機，這些情況都要重新進行清艙檢查，儘管每次清艙檢查都會造成航班的延誤，耽誤其他旅客的行程，但寧肯延誤也要保證乘客的生命財產安全。

── 案例 ──

　　2006 年 9 月 11 日（適逢「9·11」事件 5 週年），某航班上，一名旅客因為患嚴重的懼高症，在飛機起飛前放棄乘機。出於安全的考慮，防止該旅客故意將危險品遺留在飛機上，整架飛機百餘乘客全部下飛機重新過安檢再登機，同時飛機客艙和貨艙都被仔細清查，貨艙的全部貨物也被卸下去重新安檢。

　　上午 8 點左右，旅客正在登機，這時上來 3 名青年男子，坐在 12 排，其中一名男子神情緊張，臉色蒼白，兩手不停地微微顫抖。空服員發現這一情況後，忙過來關切地詢問該男子是否身體不舒服。這時青年男子的同伴介紹說他有懼高症，害怕乘坐飛機。空服員讓他坐在靠走廊座位上，告訴他不要看窗外，深呼吸放鬆心情，繫好安全帶坐穩即可。勸說了幾分鐘後，該男子終於平靜下來。8 點 10 分飛機關閉艙門，準備滑上跑道起飛，就在這時該男子突然情緒失控，異常緊張地站起來朝客艙後部跑去，嘴裡驚慌地嚷著：「不行了，不行了，我頭痛，很害怕⋯⋯」空警趕忙制止他，勸他回到座位，此時他的同伴也來拉他坐回原位，但他無法自制，強烈要求下飛機。座艙長得知情況也趕來勸說該男子保持冷靜，並鼓勵他戰勝自己的恐懼心理，但該名旅客精神已經崩潰了，帶著哭腔說他實在不敢乘機了，一定要下飛機。座艙長告訴他一旦中途下飛機，按照民航安全規定，為了排除其遺留危險物品在航班上的可能，全部旅客都要重新下飛機再次接受安全檢查，飛機客艙和貨艙也都要經過安全檢查，整個航班將延誤近 1 個小時。該男子聽後非常難過，不停地用拳頭捶打自己的腦袋，哭著說他也不想因此影響了大家乘機，這樣他非常過意不去，但他實在對飛上天感到恐懼。座艙長將情況報告給機長後，機長經過慎重考慮，同意該男子中途下機，該男子的同伴也陪他一起下了飛機。

　　隨後，飛機上剩下的百餘名旅客重新下飛機過安檢，空警將飛機客艙仔細搜查了一遍，同時飛機貨艙中的 100 多件貨物與行李都被重新卸下來進行安全檢查，航班被迫延誤了 45 分鐘。座艙長事後表示，其實這

起事件是可以避免的，這名男子的狀況本來就是不適合乘機的，他自己也不願意來乘機，但兩名同伴熱心過度，非得要拉他過來「練膽」，結果「練膽」不成，反而誘發了他懼高症的加重，以致到了情緒失控的地步。

三、緊急情況下的溝通與播音訓練

（一）緊急脫險播音詞訓練

1.通知緊急迫降

各位旅客：

正如機長所述，我們的飛機將在 ＿＿＿＿＿（地方）＿＿＿＿＿ 機場緊急迫降。飛機沒有大的危險，全體機組成員受過嚴格、良好的訓練，請大家聽從空服員的指揮。

2.請旅客取下身上的尖銳物品

各位旅客：

為了保證您在撤離時的安全，請您取下身上的尖銳物品，如手錶、鋼筆等。

3.介紹客艙緊急出口和脫離區域

各位旅客：

現在我們將飛機上的緊急出口向您介紹一下，並將同時向您介紹一下客艙脫離區域的劃分：

本架飛機有 3 處緊急出口，分別位於客艙的前部、中部、後部。

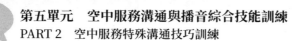

從第一排到第九排的乘客由前部登機門脫離。

從第十排到第十六排的乘客由中部登機門脫離。

第十七排到最後一排的旅客由後部登機門脫離。

4. 介紹緊急著陸時防衝擊安全姿勢

各位旅客：

飛機緊急著陸時，一般會帶有衝擊，為了您的安全，現在我們向您介紹防衝擊安全姿勢：當您聽到空服員喊「抱緊，防撞！」時，請您採取並保持這個姿勢直到飛機完全停穩。下面請看空服員示範「兩臂交叉，緊抓前方座椅靠背，頭俯下，兩腳用力蹬地」動作。

5. 尋求緊急撤離援助者

各位旅客：

為了做好緊急撤離工作，我們將在旅客中選擇援助者，如果您是軍人、警察、消防員、民航內部職工，請與空服員聯繫。

（二）播音與溝通是可以相互轉化的

播音與溝通並不是截然分開的，而是可以相互轉化的。如飛機降落時，座艙長可根據需求決定是用播音設備還是口播形式，必要時可配合肢體動作。

── **案例** ────────────────────

　　飛機順利降落，在跑道上慢慢滑行。客艙裡再一次響起了座艙長那甜美的聲音，不過這次，她沒有用機載播音設備，而是站在和第一排平

行的人行通道裡，面向所有乘客說話，聲音不大，但十分清晰：「我代表本次航班的所有工作人員歡迎您乘坐××航空公司的班機，為本次航班的延誤和一些服務不周到的地方，我們向您表示歉意並歡迎再次乘坐××航空公司的班機，再見。」說完，她深深地向乘客們鞠了一躬。乘客們都愣了一下，緊接著，客艙內響起了一陣突如其來卻異常整齊劃一的掌聲。

四、客艙服務與溝通的發展趨勢

(一) 優質的服務應該更具活力

21 世紀的民航空服人員既要平易近人，彬彬有禮，同時也應該更有活力，更能和乘客相互交流，更坦率直言。航空公司應該鼓勵和調動機組人員為乘客提供各式各樣的溝通服務，發展乘客所喜歡的服務是民航競爭的需要。筆者乘坐過韓國航空公司的飛機，其空服員與乘客關係極為融洽，一路上有說有笑，這無疑是未來空服服務溝通的發展方向。

(二) 優質的服務沒有絕對固定的內容和方式

應時變化、靈活應對的服務才會使人感到更貼心、更親切。優秀的服務是及時的、自然的，而不是照本宣科。

如正常登機的常規性問候語是：「您好，歡迎登機！」而遇到飛機延誤後的問候語應隨之變化：「抱歉，讓您久等了」。登機問候語的變化，是很細微的服務細節，儘管只有一些細心的旅客有所比較和感受，多數旅客是不注意的，但空服員不能因為旅客的「粗心」而忽略自己的「細心」服務。

如某航班快到目的地時，飛機開始下降，客艙工作一切就緒，空服員

也繫好了安全帶，客艙後排的一個小男孩突然在爺爺懷裡又動又嚷。小男孩一刻也不停地叫，已經坐好的空服人員這時應馬上站起來詢問孩子情況。如果小孩子需要上洗手間，而機長還沒有通知停止使用洗手間，空服員可以馬上扶著爺孫倆到洗手間門口，快速打開已經鎖閉的門。

（三）注意夜晚航班的服務細節

夜晚航班，大多數旅客一上飛機就睡覺，也許有的旅客手裡握著報紙就睡著了。空服員送餐時，一般不要叫醒熟睡中的客人，而應調暗客人座位上方的閱讀燈；盡量語氣輕柔、低緩詢問用餐乘客，甚至可以用手示意詢問其他乘客需要什麼餐點，繼續進行供餐服務。送餐結束後空服人員要在這些睡覺的旅客面前粘貼旅客休息提示卡：「如果您醒來，請通知我們，我們會及時為您提供餐點。」黏貼旅客休息提示卡的同時，最好輕輕地為旅客蓋上一條毛毯。

（四）優質的服務是適時的

優質服務並不意味著提供服務就要贏得客人的認可和滿意，而是要最大限度地理解客人當下最需要的是什麼。

如長途飛行旅客飲水較多，洗手間門口常常有幾人排隊的情景，空服人員這時可微笑著對站在隊伍尾端的乘客說：「先生，您先回到座位上等好嗎？我會及時叫您。」空服員的細心，不僅要展現在服務上，更要展現在安全上：在客艙裡，如果大量客人離開座位，聚集一處，往往會使飛機重心偏離，形成航空安全隱患。

（五）優質的服務要注重細節

客艙中每一個服務細節，包括空服人員的每一個動作都是一種溝通，

一種航空公司形象的展現。現代人常講「細節決定成敗」，客艙服務的特色在於「人無我有，人有我優」。如同樣是幫助顧客往行李箱裡放行李，日本空服員可以做到以手把箱，關箱時盡量無聲無息；同樣是清掃洗手間，新加坡空服員能夠做到在乘客排隊上洗手間的空隙快速地進入洗手間進行清理，確保洗手間鏡面、臺面、馬桶座、地板乾淨清爽，沒有異味，這些細節都是其服務過人之處。

　　服務有框架來規範，服務有標準來約定，但任何一次優質的服務又有其特殊性，都是無法完全複製的，只有用心思索，才能提供適時、及時、令乘客滿意的服務。「潤物細無聲」，對於客艙服務來講，這是一種境界，更是一種挑戰。

── 案例 ──

一、遇到重症病患應注意什麼？

　　情節：某航班升到 1 萬公尺高空時，空服員在後艙突然發現一位女乘客雙唇緊閉，面色蒼白，慌忙上前詢問，原來該乘客的心臟病犯了。當座艙長把藥品送去時，就聽到有乘客大喊道：「她不行了！」頓時，後艙的旅客都圍了上去。空服組立即調整旅客的座位，讓病患平躺在座椅上，然後對病患採取了一系列急救措施：解開衣領、腰帶，輸氧，壓虎口……座艙長拿起話筒透過廣播尋找醫生。聽到廣播後，一名旅客走到患者跟前檢查後說：「我是醫生，但沒有藥。經診斷，這位乘客是突發性心臟病，需要速效救心丸，不然後果不堪設想。」空服員們又趕緊在客艙裡大聲向其他乘客求援，一位乘客把自備的速效救心丸送了過來，空服員立即讓乘客服下。幾分鐘後，乘客病情有所緩解，但生命仍處於垂危之中。機長果斷做出決定：「飛機如果直飛曼谷要兩個多小時，乘客的生命就有危險。此時飛機正處於某飛航管制區，直飛最近的機場只要 10 多分鐘，立即向飛行管制區報告這一緊急情況，要求備降機場。」10 分鐘

後，飛機平穩地降落在機場，早已守候在此的醫護人員立即登上飛機對病患進行搶救。幾分鐘後，病患終於脫離危險，睜開了眼睛，參與搶救的醫生們感動地說：「再晚到幾分鐘，這病患恐怕就沒救了……」

二、以下案例中溝通失誤在什麼地方？

　　情節：一個旅行團登上了某航班。其中一位老人看到自己座位上方的行李架上放滿了東西（機載應急設備），就將行李架上的防煙面罩連同套子拿下，放在地板上，將自己的行李放在行李架上。空服員發現後，未調查設備移動的原因，就直接報告座艙長，且報告內容過於簡單，造成座艙長判斷失誤，認為情況失控。座艙長未再次確認就匯報給機長，機長接到報告後通報地面處理，最後該旅行團導遊被帶下飛機，造成航班延誤 52 分鐘。

模擬訓練

■ 模擬訓練一

情節：航班飛行過程中，你發現有一個旅客在廁所抽菸，你將如何處置？

提示：首先，用嚴肅的態度告訴這位旅客本次航班是禁菸航班，制止該旅客，並說明在飛機這樣一個特殊的空間內抽菸會引發火災。注意態度要平和，不可訓斥旅客。

■ 模擬訓練二

情節：在飛機上，遇到一名旅客不停地提問，你將如果處置？

提示：首先，對旅客提出的問題要耐心細緻地進行解答。旅客可能對有關飛機的一些問題產生好奇，這是可以理解的，在不影響自己工作的情況，盡可能地回答旅客的提問。若影響到自己的工作，應向旅客說明，待工作處理完畢之後，再對他的問題進行解答。同時，可以在自己工作時先給他一些有關航空方面的書籍閱讀，這樣，既可以為他的旅途增添樂趣，又可以豐富知識。

■ 模擬訓練三

情節：在飛機上，遇到一位挑剔的旅客，不停地按呼叫鈴，招呼空服過來，提出很多要求，即使只為他一個人服務，都忙不過來，而這時工作中的搭檔又有些懶惰，不來幫忙，你怎麼辦？

提示：首先，以良好的態度請你的搭檔幫忙，並說明空服組是一個整體，若服務不到位，對整個團隊都會有影響。其次，在不影響其他工作的

情況下，為該旅客提供良好的服務；若客艙很繁忙，可以先為該旅客提供一些報紙和雜誌來閱讀，同時告訴他，我們將盡最大的努力為他服務。

■ 模擬訓練四

情節：飛機上，一位外國乘客向空服員提出一個要求，但由於這位外國乘客不會講英語，所有空服人員一直不知道這位乘客有什麼需求，外國乘客很著急，這時，空服人員應如何做？

提示：耐心地用肢體語言或者用圖畫的方式盡力與他溝通，一直到明白他的需求為止。

■ 模擬訓練五

情節：登機後，你發現有一對外國夫婦身材高大，顯得座位很窄，伸不開腿，恰巧，它們前排坐著一對身材較小的夫婦。你想讓外國夫婦能坐得舒服些，因此到前排同另一對夫婦商量可否調換一下座位，但遭遇到了拒絕，你該怎麼辦？

提示：首先，一定要保持良好的態度，同身材較小的這對夫婦講明情況，若他們仍不同意，可以觀察其他座位，選擇適當的乘客進行調換。

■ 模擬訓練六

情節：飛行中，一位乘客向空服員要一條毛毯，空服員發現毛毯已經發完，沒有了。而乘客態度又非常強硬，你該怎麼辦？

提示：跟這位旅客解釋說：「真的很抱歉，我們的毛毯已經發完了。要不我為您倒杯熱水，您先暖暖身子，等一下如果有旅客退回毛毯，我馬上幫您送過來。」

模擬訓練七

情節：一般機艙的最後一排座位是無法調節的，一位乘客坐在最後一排，飛機平飛後，前排的乘客把座位調下來，影響到這位乘客的空間，該乘客要求前排把位置調到正常，遭到拒絕後讓空服員過來協調一下。如果你是空服員，你該怎麼辦？

提示：首先巡視客艙看是否有空座位，如果有空座位可把這位旅客調過去，這樣可以很好地避免兩人的糾紛。如果航班客滿，可以這樣說：「先生（女士），對不起，客艙後面的座位不是很舒適，我代表機組向您表示歉意！您後面的旅客座位是最後一排，椅背沒辦法向後靠，您看能不能把座椅靠背調直一下，出門在外，大家都互相關照一下，好嗎？」

模擬訓練八

情節：某航班因為特殊原因到達起飛機場晚點了，一名急於到東京簽訂合約的旅客上機後顯得十分焦灼。等待起飛時，突然又接到目的地機場天氣變壞的消息，航班被迫要停留一夜再飛。該旅客情緒突然激動起來，言語也激動得近乎無禮，這時空服員怎樣溝通為好？

提示：一定要微笑著傾聽，並對旅客致以真誠的歉意，表示理解旅客此時的焦急心情。

空服服務溝通與播音技巧（修訂版）

禮儀訓練 × 正音教學 × 危機處理，一本書帶你成為最佳民航代言人

編　　著：劉暉

發 行 人：黃振庭

出 版 者：崧燁文化事業有限公司

發 行 者：崧燁文化事業有限公司

E-mail：sonbookservice@gmail.com

粉 絲 頁：https://www.facebook.com/
　　　　　sonbookss/

網　　址：https://sonbook.net/

地　　址：臺北市中正區重慶南路一段六十一號八
　　　　　樓 815 室

Rm. 815, 8F., No.61, Sec. 1, Chongqing S. Rd.,
Zhongzheng Dist., Taipei City 100, Taiwan

電　　話：(02)2370-3310

傳　　真：(02)2388-1990

印　　刷：京峯彩色印刷有限公司（京峰數位）

法律顧問：廣華律師事務所　張佩琦律師

國家圖書館出版品預行編目資料

空服服務溝通與播音技巧（修訂
版）：禮儀訓練 × 正音教學 × 危
機處理，一本書帶你成為最佳民航
代言人 / 劉暉 編著 . -- 修訂一版 .
-- 臺北市：崧燁文化事業有限公司，
2022.10
　　面；　　公分
POD 版
ISBN 978-626-332-804-4(平裝)
1.CST: 航空運輸 2.CST: 航空運輸
管理
557.94　　111015543

定　　價：380 元

發行日期：2022 年 12 月修訂一版

◎本書以 POD 印製

官網

臉書